面向精细化治理的智慧城市理论与实践

梁 昕 著

上海交通大学出版社
SHANGHAI JIAO TONG UNIVERSITY PRESS

内容提要

　　本书从城市精细化治理的视角出发,结合信息技术的发展与应用,从治理的基本概念、智慧城市的理论框架。智慧城市模型的构建、国内外智慧城市建设经验,以及未来智慧城市的实施路径等方面系统阐述了智慧城市的理论与实践发展,是理解智慧城市理论模型的有益参考文献,亦对智慧城市的实践具有较强的指导意义。

图书在版编目(C I P)数据

　　面向精细化治理的智慧城市理论与实践 / 梁昕著. —上海:上海交通大学出版社,2019(2020重印)

　　ISBN 978 - 7 - 313 - 22136 - 0

　　Ⅰ.①面…　Ⅱ.①梁…　Ⅲ.①现代化城市-城市建设-研究　Ⅳ.①C912.81

　　中国版本图书馆 CIP 数据核字(2019) 第 225507 号

面向精细化治理的智慧城市理论与实践
MIANXIANG JINGXIHUA ZHILI DE ZHIHUI CHENGSHI LILUN YU SHIJIAN

著　　者:梁　昕
出版发行:上海交通大学出版社　　　　　地　　址:上海市番禺路 951 号
邮政编码:200030　　　　　　　　　　　电　　话:021 - 64071208
印　　刷:上海天地海设计印刷有限公司　经　　销:全国新华书店
开　　本:710mm×1000mm　1/16　　　印　　张:8.25
字　　数:134 千字
版　　次:2019 年 12 月第 1 版　　　　　印　　次:2020 年 8 月第 2 次印刷
书　　号:ISBN 978 - 7 - 313 - 22136 - 0
定　　价:68.00 元

前　言

改革开放以来,我国经历了世界历史上规模最大、速度最快的城镇化进程,城市发展波澜壮阔,取得了举世瞩目的成就。同时,伴随着中国城市的高速发展,城市治理问题也随之凸显。2015 年 12 月 21 日,中央自 1978 年之后时隔37 年重启了"中央城市工作会议"。会议指出"城市是我国各类要素资源和经济社会活动最集中的地方,全面建成小康社会、加快实现现代化,必须抓好城市这个'火车头',把握发展规律,推动以人为核心的新型城镇化"。会议也特别强调了"政府要创新城市治理方式,特别是要注意加强城市精细化管理。"首次在中央的城市工作中突出了"精细化"的要求。

2017 年 3 月 5 日,习近平总书记参加上海代表团审议时提出:"上海这种超大城市,管理应该像绣花一样精细。要持续用力、不断深化,提升社会治理能力,增强社会发展活力。要强化智能化管理,提高城市管理标准,更多运用互联网、大数据等信息技术手段,推进城市治理制度创新、模式创新,提高城市科学化、精细化、智能化管理水平。"其中特别强调了先进的信息技术手段对精细化的城市管理的重要性。

近年来,我国很多城市都大力推进了信息化建设,在不同领域和方向进行了智慧城市的实践,然而我国的智慧城市发展在理论与实践方面仍然存在许多问题与困难。以上海为例,近年来上海市政府发布了多项政策规划,如《上海市信息化建设和应用专项支持实施细则》《上海市信息化建设和应用专项支持实施细则》《上海市大数据发展实施意见》《上海市推进智慧城市建设"十三五"规划》等。上海市信息化建设取得了很多成果,信息基础设施水平不断提高,信息应用平台不断完善,数据资源不断开放,试点工程不断推进。但是,上海市信息化建设依然存在以下问题:数据共享不足造成跨行业数据整合十分困难,数据利用尚不充分;信息化建设需要的大数据等技术的关键技术储备不足;缺乏建设标准与评价体系评价信息化发展状况;公众参与程度不足,等等。

智慧城市的建设需要加强顶层设计,要处理好近期与远期、战略规划和行动计划、技术创新和应用推广、宏观中观与微观等各方面的关系。因为信息化工作"大无边",已渗透到各领域、各行业,要形成"一盘棋"的整体战略思维。智慧城市的建设也需要理论指导,理论对实践有各个层面的影响,没有理论的指导,实践将陷入盲区,甚至裹足不前。不论实践以何种方式进行,其本身都是在运用理论,可以说理论是实践的基础和前提,因此理论指导尤为重要。

本书的初稿起源于本人参与的上海市市委一号课题"充分运用现代科技,提高社会治理智能化水平"等多项与智慧城市和社会治理相关的研究项目。研究过程中逐步认识到智慧城市的概念随着时代的发展不断更新,特别是随着中国近年来社会治理水平的提升,更加迫切地需要对智慧城市的理论框架与实践经验进行系统梳理以适应新的时代需求。因此,决定将以往相关的研究报告整理为书稿进行出版。

写作过程中查阅了大量的文献资料,也重点对上海市的智慧城市经验进行了实地调研。十分感谢上海市经信委,上海市政府办公厅等单位提供宝贵的资料以及协助安排多次调研,使本书顺利完成。同时也感谢写作过程中给与我支持和帮助的专家、学者、同学等,使本书不断完善。

本书通过文献梳理、理论探讨以及案例分析等方式对面向精细化治理的智慧城市理论与实践进行深入分析。首先理清了城市管理、社会治理等话语体系与学术概念,继而梳理了信息化建设的理论框架演进与未来发展,同时结合海外智慧城市建设经验进行案例分析,在此基础上提出了智慧城市建设的理论模型和实施路径。

本书构建了智慧城市的理论模型、提出了统一框架、统一发展思路,对智慧城市建设的实践具有一定指导意义。

目　录

1 城市管理与社会治理的基本概念 ················· 1

1.1 城市管理 ················· 1

1.2 社会治理 ················· 3

1.3 城市管理与社会治理的关系 ················· 4

2 城市管理与社会治理中信息技术的应用 ················· 6

2.1 现代信息技术的发展 ················· 6

2.2 信息技术对城市管理和社会治理的支撑与促进 ················· 8

2.3 上海市支撑城市管理与社会治理的信息化建设 ················· 10

2.3.1 政策与规划 ················· 10

2.3.2 重点项目与工程 ················· 13

2.3.3 主要成果 ················· 20

2.3.4 问题与瓶颈 ················· 24

3 智慧城市的理论框架综述 ················· 26

3.1 信息系统的体系构建方法 ················· 26

3.1.1 信息系统的层次架构 ················· 26

3.1.2 OSI 模型 ················· 27

3.1.3 云计算架构 ················· 28

3.2 对于城市本体的认知 ················· 29

3.2.1 基于系统理论的认知 ················· 30

3.2.2 基于人本理论的认知 ················· 32

3.3 城市信息化体系架构模型 ················· 33

3.3.1　基于系统理论的城市信息化模型 ·············· 33

3.3.2　基于人本理论的城市信息化模型 ·············· 34

3.4　城市信息化的实施路径模型 ·············· 39

4　智慧城市的理论模型构建 ·············· 43

4.1　理论模型构建 ·············· 43

4.1.1　总体思路 ·············· 43

4.1.2　理论模型体系架构 ·············· 46

4.2　理论模型的模块设计 ·············· 48

4.2.1　业务需求架构设计 ·············· 48

4.2.2　服务应用架构设计 ·············· 49

4.2.3　数据融合架构设计 ·············· 50

4.2.4　基础设施架构设计 ·············· 52

4.2.5　标准评价架构设计 ·············· 54

4.2.6　安全风控架构设计 ·············· 57

5　国际智慧城市的建设经验 ·············· 58

5.1　新加坡智慧国家建设经验 ·············· 58

5.1.1　新加坡城市管理信息化的历程 ·············· 58

5.1.2　新加坡现阶段的城市管理信息化 ·············· 61

5.2　新加坡电子政务建设经验 ·············· 73

5.2.1　新加坡电子政务发展历程 ·············· 73

5.2.2　新加坡电子政府的现状 ·············· 78

5.2.3　新加坡电子政府的经验 ·············· 81

5.3　东京智慧交通建设经验 ·············· 84

5.3.1　东京智能交通特征 ·············· 86

5.3.2　东京智能道路交通系统 ·············· 88

5.3.3　未来东京的智能交通 ·············· 93

6　上海市智慧城市理论框架的演进与发展 ·············· 94

6.1　上海市现有智慧城市建设的理论框架 ·············· 94

6.1.1　"十二五"初期 ·············· 94

6.1.2 "十二五"中后期 ·············· 95

6.1.3 "十三五"时期 ·············· 95

6.2 上海市信息化理论框架的演进 ·············· 96

6.3 上海市信息化发展的趋势 ·············· 102

7 上海市智慧城市建设案例分析 ·············· 104

7.1 上海市电子政务现状 ·············· 104

7.2 上海市电子政务问题 ·············· 106

7.3 上海市电子政务建议 ·············· 109

8 智慧城市建设的实施路径 ·············· 113

8.1 实施框架 ·············· 113

8.2 重点方向 ·············· 116

参考文献 ·············· 119

索引 ·············· 122

1 城市管理与社会治理的基本概念

1.1 城市管理

伴随着城市的产生就产生了城市管理,人们对城市管理的认识也是不断变化发展的。20世纪前期基本上把城市管理当作城市规划和城市建设。之后随着现代城市的发展以及各种管理理论、经济学理论、规划理论的引入,城市管理的概念不断丰富,但是未能形成统一的意见。学者钱振明将不同城市管理概念归纳为六种[①]:

(1)市政管理说,即将城市管理定义为城市政府部门对城市公用事业、公共设施等方面的规划和建设进行控制、指导;

(2)职能综合说,即认为城市管理就是城市各部门管理的总和,即指包括人口管理、经济管理、社会管理、基础设施管理、科技管理和文化教育卫生管理在内的城市群体要素管理;

(3)城市经营说,即认为城市管理是以城市为对象,对城市运转和发展所进行的控制行为,其主要任务是对城市运行的关键机制——经济、产业结构进行管理和调节;

(4)基础设施管理说,即认为城市管理是指以城市基础设施为重点对象,以发挥城市综合效益为目的的综合管理;

(5)公共事务管理说,即认为城市管理是城市中非政治、非经济的社会公共事务的管理活动;

---

① 钱振明.城市管理学[M].苏州:苏州大学出版社,2005:11-12.

(6)综合协调说,即认为城市管理是以城市的长期稳定协调发展和良性运行为目标,以人、财、物、信息等各种资源为对象,对城市运行系统做出的综合性协调、规划、控制和建设活动。

总的来说,城市管理可以分为广义和狭义两种含义(见图1-1)。广义的城市管理可以定义为"以充分利用城市资源、维持和促进城市发展,持续提高城市居民生活质量为根本目的的人类对城市社会公共事务进行科学管理的活动。"其目的是提升城市居民的生活质量,其范围涵盖了城市建设和运行的方方面面。近年来,广义的城市管理概念逐渐被"城市治理"所取代。"城市治理"的理论背景是治理理论(governance)。"治理"是对单向度的"管理"理论的超越,其特征可以概括为治理主体多元化、权力关系网络化、治理方式多样化、治理领域公共化,其要素是"权力主体的多中心化""回应性""互动性""公开性""透明度""公正""法治""效率"等[1]。

狭义的行政管理是指政府特定机构保障城市基础设施健康运行和公共空间良好秩序的活动。例如"城管执法",即政府有关部门(如城管局、市容管理局等)行使行政末端管理权(主要是行政处罚权和强制权)的活动,比如针对城市生活中影响市容市貌的"脏、乱、差"问题,对占道经营、无证经营者进行处罚和采取强制措施。目前广义的城市管理逐渐被城市治理所取代,而本研究所指的城市管理为其狭义概念。

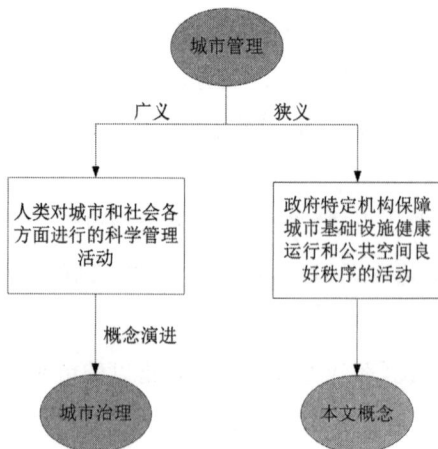

图1-1 城市管理的概念分类

---

[1] 莫于川,雷振.从城市管理走向城市治理——《南京市城市治理条例》的理念与制度创新[J].行政法学研究,2013,No.83(3):56-62.

1.2　社会治理

"治理"作为一个关键概念,在 2013 年中国共产党十八届三中全会中被重点提出。党的十八届三中全会《中共中央关于全面深化改革若干重大问题的决定》指出,全面深化改革的总目标是"完善和发展中国特色社会主义制度,推进国家治理体系和治理能力的现代化"。为此,国家治理体系及治理能力现代化建设,将成为我国全面深化和推进改革历史进程的指南针。"治理"在十八届三中全会的文件中是关键性概念,从国家治理、政府治理、社会治理,到事业单位法人治理、公司法人治理、学校内部治理、社区治理,"治理"概念在《决定》中被明确提及 24 次之多①。

习近平总书记指出:"国家治理体系是在党领导下管理国家的制度体系,包括经济、政治、文化、社会、生态文明和党的建设等各领域体制机制、法律法规安排,也就是一整套紧密相连、相互协调的国家制度"。这表明国家治理体系在形式上体现为一系列规范体制机制的国家制度,内容涉及经济、政治、文化、社会、生态文明和党建六个方面。其中"社会治理"是非常重要的一方面。

社会治理理论是西方治理理论的重要组成部分。由于西方国家治理理论奉行社会中心主义和公民个人本位,因此,理性经济人的社会自我治理,在理论逻辑上构成了西方国家治理理论的核心理论内容。在特定意义上可以认为,西方国家的治理理论,本质上即是理性经济人为基础的社会自我治理理论。"如果说 19 世纪至 20 世纪之交的改革家们倡导建立最大限度的中央控制和高效率的组织机构的话,那么 21 世纪的改革家们则将今天的创新视为是一个以公民为中心的社会治理的复兴实验过程。"②

在我国,社会治理是指在执政党领导下,由政府组织主导,吸纳社会组织等多方面治理主体参与,对社会公共事务进行的治理活动,是"以实现和维护群众权利为核心,发挥多元治理主体的作用,针对国家治理中的社会问题,完善社会福利、保障

---

① 王浦劬. 国家治理、政府治理和社会治理的含义及其相互关系[J]. 国家行政学院学报,2014(3):11-17.
② 理查德·C·博克斯. 公民治理:引领 21 世纪的美国社区[M]. 北京:中国人民大学出版社,2013.

改善民生,化解社会矛盾,促进社会公平,推动社会有序和谐发展的过程。"①

十八届三中全会的《中共中央关于全面深化改革若干重大问题的决定》指出,我国的社会治理主要关节点在于"四个坚持",即"坚持系统治理,加强党委领导,发挥政府主导作用,鼓励和支持社会各方面参与,实现政府治理和社会自我调节、居民自治良性互动。坚持依法治理,加强法治保障,运用法治思维和法治方式化解社会矛盾。坚持综合治理,强化道德约束,规范社会行为,调节利益关系,协调社会关系,解决社会问题。坚持源头治理,标本兼治、重在治本,以网格化管理、社会化服务为方向,健全基层综合服务管理平台,及时反映和协调人民群众各方面各层次利益诉求。"可以看出,我国社会治理的几个特点:

①社会治理的根本出发点是人民的根本利益。基于中国共产党的阶级性与人民性的一致性,按照中华人民共和国的国体规定,国家治理、政府治理和社会治理的根本出发点,都是人民的根本利益要求,并以实现和维护为人民的利益为核心。

②社会治理主体为一方主导、多方参与的共同治理。在社会治理中,作为执政党领导、政府负责、社会协同、公众参与和法治保障的社会治理,除了党和政府作为治理主体之外,还包含社会组织和公民等多方面有序参与的治理主体。另一方面,我国的社会治理还包含社会自治,在社会自治的组织和体制结构中,党和政府是社会治理的领导和指导者,而社会基层的公民则是社会治理的具体运行主体。

③社会治理内容主要为公民的社会生活和社会活动。一般来说,其涉及内容的主要是社会公共服务、社会安全和秩序、社会保障和福利、社会组织、社区管理等等。所以,社会治理涉及的基本是社会领域的内容。当然,随着社会治理趋向于制度化、程序化、规范化和法治化,社会治理常常关涉国家相关法律和社会治理的体制机制和组织形式的创新改革。

1.3 城市管理与社会治理的关系

城市管理与社会治理实在城市治理范围内经常被共同提及的两个概念,其

---

① 姜晓萍.国家治理现代化进程中的社会治理体制创新[J].中国行政管理,2014(02):24-28.

二者的关系可以表达为以下几点：

①城市管理关注"物"，社会治理关注"人"：城市管理的主要内容覆盖了城市的中与"物"相关的方面，包括基础设施健康运行和公共空间良好秩序。而社会治理主要是城市中与"人"相关的方面，例如人的社会保障，人在社会中的生存与发展的需要等。

②城市管理满足"供给侧"，社会治理满足"需求侧"：从另一个角度理解，城市管理注重于城市提供的服务，更关注"供给侧"。例如城市可以提供给居民基础设施、住房、市政、环境等。而社会治理则注重于城市居民的需求，也就是城市的"需求侧"。例如城市居民的健康和安全需求、文化教育需求、社会保障需求等。

③城市管理是"硬件支撑"，而社会治理是"软件保障"：城市管理涉及的方面主要是城市的硬件设施，例如交通、市政、基础设施、安全保障等。而社会治理则主要涉及城市的软件保障，例如城市的文化、社交、娱乐、社保、基层自治等。

综上所述，城市管理和社会治理在城市中一个关注物，一个关注人；一个满足供给侧，一个满足需求侧；一个是硬件支撑，一个是软件保障。两者在城市治理中缺一不可，可以看作城市治理的"经度"和"纬度"，从两个不同的维度把城市治理的各个环节和方向编织成一整张网，形成一个完整而完善的城市治理体系，如图1-2所示。

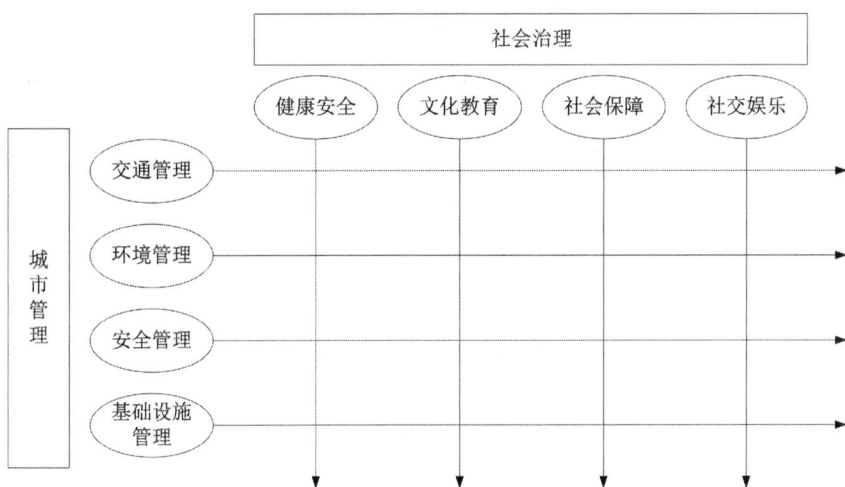

图1-2 城市管理与社会治理的关系

2 城市管理与社会治理中信息技术的应用

2.1 现代信息技术的发展

以计算机及其网络技术和现代通信技术等为代表的现代信息技术是当代科学技术发展的主导领域。现代信息技术正以其他技术从未有过的速度向前发展,并以其他任何一种技术从未有过的深度和广度介入到社会的方方面面。现代信息技术是一个内容十分广泛的技术群,它包括微电子技术、光电子技术、通信技术、网络技术、感测技术、控制技术、显示技术等。目前被认为具有潜力和应用前景的信息技术主要包括:

泛在感知:也称为泛在网络,它以无所不在、无所不包、无所不能为基本特征,以实现在任何时间、任何地点、任何人、任何物都能顺畅地通信为目标。近年来,在物联网、互联网、电信网、传感网等网络技术的共同发展下,实现社会化的泛在网也逐渐形成。而基于环境感知、内容感知的能力,泛在网为个人和社会提供了泛在的、无所不含的信息服务和应用。泛在网络的应用已经在许多产业领域提升了服务水平,如政府管理、金融服务、后勤;环境保护、家庭网络、医疗保健、办公大楼等的自动化和智能化服务等。

数据挖掘:是数据库知识发现(Knowledge-Discovery in Databases,KDD)中的一个步骤。数据挖掘一般是指从大量的数据中通过算法搜索隐藏于其中的信息的过程。数据挖掘通常与计算机科学有关,并通过统计、在线分析处理、情报检索、机器学习、专家系统(依靠过去的经验法则)和模式识别等诸多方法来实现上述目标。近年来,数据挖掘引起了信息产业界的极大关注,其主要原因是存在大量数据,可以广泛使用,并且迫切需要将这些数据转换成有用的信息和知识。获取的信息和知识可以广泛用于各种应用,包括商务管理,生产控制,市场分析,工程设计和科学探索等。

人工智能:人工智能是计算机科学的一个分支,美国麻省理工学院的温斯顿教授认为:"人工智能就是研究如何使计算机去做过去只有人才能做的智能工作。"人工智能被认为是21世纪三大尖端技术(基因工程、纳米科学、人工智能)之一。这是因为近三十年来它获得了迅速的发展,在很多学科领域都获得了广泛应用,并取得了丰硕的成果,人工智能已逐步成为一个独立的分支,无论在理论和实践上都已自成一个系统。

机器学习:机器学习是一种重要的数据挖掘方法,其可以使计算机通过观察、经验总结、分析和自我训练从数据中获得经验并进行分析预测。机器学习可以模拟或实现人类的学习行为,以获取新的知识或技能,重新组织已有的知识结构使之不断改善自身的性能。

云计算:是基于互联网的相关服务的增加、使用和交付模式,通常涉及通过互联网来提供动态易扩展且经常是虚拟化的资源。现阶段广为接受的是美国国家标准与技术研究院(NIST)的定义:云计算是一种按使用量付费的模式,这种模式提供可用的、便捷的、按需的网络访问,进入可配置的计算资源共享池(资源包括网络,服务器,存储,应用软件,服务),这些资源能够被快速提供,只需投入很少的管理工作,或与服务供应商进行很少的交互。云计算简化了软件、业务流程和访问服务。比以往传统模式更加高效,通过降低成本,能够采取更有效的商业模式,或更大的灵活性操作。有很多的企业通过云计算优化他们的投资。在相同的条件下,企业正扩展到更多创新与他们的IT能力,这将会帮助企业带来更多的商业机会。

物联网:物联网是新一代信息技术的重要组成部分,也是"信息化"时代的重要发展阶段。顾名思义,物联网就是物物相连的互联网。这有两层意思:其一,物联网的核心和基础仍然是互联网,是在互联网基础上的延伸和扩展的网络;其二,其用户端延伸和扩展到了任何物品与物品之间,进行信息交换和通信,也就是物物相息。物联网通过智能感知、识别技术与普适计算等通信感知技术,广泛应用于网络的融合中,也因此被称为继计算机、互联网之后世界信息产业发展的第三次浪潮。物联网的发展,已经上升到国家战略的高度,其重点应用领域为:智能工业、智能农业、智能物流、智能交通、智能电网、智能环保、智能安防、智能医疗、智能家居。

2.2　信息技术对城市管理和社会治理的支撑与促进

2017年3月5日,习近平总书记参加上海代表团审议时提出:"上海这种超大城市,管理应该像绣花一样精细……要强化智能化管理,提高城市管理标准,更多运用互联网、大数据等信息技术手段,推进城市治理制度创新、模式创新,提高城市科学化、精细化、智能化管理水平。"其中,习近平总书记特别强调了先进的信息技术手段对城市管理和社会治理的重要性。信息技术对城市管理和社会治理的支撑与促进作用主要表现在以下方面:

1. 信息技术是城市管理与社会治理的基础支撑

随着信息网络的不断发展,信息服务社会化,信息业产业化,信息市场现代化已为城市管理与社会治理提供了基础支撑。先进的信息化基础建设可以为城市管理和社会治理提供优良的服务,信息交汇便捷,为城市的发展提供了良好的客观条件。

以数据库建设为例,城市建立统一和完善人口居民数据库(包括居民的姓名、身份证号、户籍、社保等信息的基础数据库)可以为城市管理和社会治理提供强有力的基础支撑。统一数据库可以为不同的应用和服务提供一致和标准化的数据接口,使上层的数据应用更加便捷和高效。

2. 信息技术可以提升城市管理与社会治理的效率

城市是一个社会、经济、自然复合大系统,特别是超大型城市,城市管理是一个涉及面广、变量多、层次多、目标多的综合性管理,传统管理手段已越来越不适应城市发展更加复杂、多变的趋势。现代信息技术能十分快捷地提供各种背景资讯,减少了因通信手段落后、方式简单和干扰误差所造成的信息失真,从而使决策可以做到更为科学和高效。城市管理与监控手段将变得更为先进和发达,借助计算机网络,城市管理和社会治理能真正摆脱"人治"的局限性。

以城市交通问题为例,随着现代信息技术的发展,从根本上解决这一问题成为可能。现代信息技术将大大提高现有交通设施的服务水平,通过建立智能交通系统 ITS ,解决好"人 - 车 - 基础设施"不同系统的信息传送和交换处理,对城市的交通流量进行全面的动态协调控制,从而实现城市交通的高效率。再辅以引导性的交通政策,将使城市交通环境大为改善,交通服务高效快捷。

3. 信息技术可以提升城市管理与社会治理的准确度

城市从宏观来看是一个超大型的复杂系统,而从微观来看也是由不同的群体和每一个公民个体组成的。要实现精细化的城市管理和社会治理,就需要关注到每一个群体和个体的行为与需求。上海作为一个拥有约 2 400 万人口的超大型城市,利用传统的技术,几乎无法达到关注至个体的精细化管理水平,而借助现代化的信息技术,这种精细化的管理水平成为可能。借助泛在感知、人工智能、数据挖掘、深度学习等技术,可以获取和分析不同群体和个体的行为模式,习惯偏好,并可以采用不同的干预手段来影响不同群体和个体的行为。

以精准医疗为例,通过对居民的医疗数据的收集、分析和预测,可以实现对居民健康状况的全程掌握、分类管理、精准治疗。如果对人的了解深入到基因多态性的层面,则可以形成较为精准的诊断,在形成精准的诊断后,可以通过精准的靶向治疗,比如分子靶向药物、抗体药物和抗体偶联药物等,对某些类型的疾病进行精准的治疗。

4. 信息技术是城市管理与社会治理的创新能力

前文提到许多前沿的信息技术,如泛在感知、机器学习、人工智能、物联网等,可以为城市管理和社会治理提供多样性的新方法新手段。借助这些技术,城市管理与社会治理可以不断创新,发掘更有效的管理方法。例如,利用泛在感知和物联网技术,可以辅助基层的社区管理和网格化管理,使基层管理更加精细化。利用图像识别和机器学习技术可以精准地识别不同类型的交通违章车辆和行人,不需要依赖人工执法。利用 BIM 和 GIS 等技术,可以对楼宇进行智能化管理,并预测和影响居民在楼宇中的行为活动等。

2.3 上海市支撑城市管理与社会治理的信息化建设

2.3.1 政策与规划

目前,上海市尚未有针对城市管理与社会治理的信息化建设专项政策和规划,与城市管理和社会治理相关的政策与规划主要集中在"智慧城市"领域。以下是对上海市近年来在城市管理与社会治理相关领域的信息化政策与规划进行的简要综述:

2010 年以来,上海全面推进面向未来的智慧城市建设,城市数字化、网络化、智能化水平显著提升。为了加快推进上海市信息化建设和应用,落实上海市国民经济和社会信息化规划和智慧城市建设的有关要求,2014 年 12 月,上海市经济和信息化委员会发布《上海市推进智慧城市建设行动计划(2014—2016)》,到 2016 年底,基本构建起以便捷高效的信息感知和智能应用体系为重点,以高速泛在的下一代城市信息基础设施体系、绿色高端的新一代信息技术产业体系、自主可靠的网络安全保障体系为支撑的智慧城市体系框架,智慧城市建设成为上海提升国际竞争力和城市软实力的强大支撑和重要基础,上海信息化整体水平继续保持国内领先,率先迈入国际先进行列。

2016 年 4 月 14 日,上海市经济和信息化委员会发布了《上海市信息化建设和应用专项支持实施细则》,规范上海市信息化发展专项资金在信息化建设和应用领域的使用。

在"互联网+"方面,2015 年 6 月发布《上海市网上政务大厅建设与推进工作方案》,方案指出主要任务为升级改造网上办事平台、建设"上海三农"网、推进本委审批事项统一上网和配合深化拓展重点协同应用。

2016 年 2 月,上海市发布《上海市推进"互联网+"行动实施意见》,加速经济转型升级,通过与传统产业的深度融合,推动传统产业从要素驱动、投资驱动向创新驱动转变,做强实体经济,带动产业升级;提升市民生活品质,实现智慧民生、信息惠民;推动城市管理创新,助力建设开放、透明、服务型政府,实现政府治理能力现代化。

2017 年 1 月,上海市发布《本市落实〈国务院关于加快推进电子政务工作的指导意见〉工作方案》,目标在 2017 年底前,建成全市统一的网上政务"单一窗口",全面公开政务服务事项,拓展行政审批、办事服务、事中事后监管、公共资源交易等各类政务服务,推动信息资源整合共享和数据开放利用,初步实现线上线下政务服务一体化联动。2020 年底前,实现互联网与政务服务深度融合,建成全市联动、部门协同、一网办理的电子政务体系,积极开展跨部门、跨层级的协同应用,实现政务服务的智能感知、主动推送和个性化服务,进一步提升服务能级,让企业和群众办事更方便、更快捷、更有效率。

在大数据技术方面,2016 年 9 月,上海市发布《上海市大数据发展实施意见》,到 2020 年,基本形成数据观念意识强、数据采集汇聚能力大、共享开放程度高、分析挖掘应用广的大数据发展格局,大数据对创新社会治理、推动经济转型升级、提升科技创新能力作用显著。

2017 年 1 月,上海市发布《上海市组织系统大数据行动计划(2016 - 2020年)》,计划到 2020 年,技术先进、应用繁荣、保障有力的大数据产业基本形成。

在数据共享方面,为规范和促进本市政务数据资源共享与应用,推动政务数据资源优化配置和增值利用,促进政府部门间业务协同,避免重复建设,进一步提高本市公共管理和服务水平,2016 年 2 月发布《上海市政务数据资源共享管理办法》。

网络信息安全方面,2010 年 8 月,为了规范公共信息系统突发事件的处置,预防和减少突发事件引起的严重社会危害,保障信息安全,结合上海市实际情况,制定《公共信息系统突发事件处置办法》。

为了建立健全本市网络与信息安全事件应急工作机制,提高应对突发网络与信息安全事件能力,维护基础信息网络、重要信息系统和重要工业控制系统的安全,保障城市安全运行,2014 年发布《上海市网络与信息安全事件专项应急预案》。

2015 年 12 月,为了规范公共信用信息的归集和使用,提升社会诚信水平,营造社会诚信环境,结合上海市实际,发布《上海市公共信用信息归集和使用管理办法》。

同时,对不同行业信息化的建设,上海市还发布了《上海市智慧社区发展白皮书(2015)》《上海市智慧园区建设指南》《上海市工业互联网创新发展应用三年行动计划(2017—2019 年)》《上海市智能网联汽车产业创新工程实施方案》

《上海加快发展智能制造助推全球科技创新中心建设的实施意见》《上海个体网络借贷(P2P)平台信息披露指引(试行)》《上海市高端智能装备首台突破和示范应用专项支持实施细则》《互联网警务建设和大数据应用创新的行动计划》等。

试点工作方面,发布了《金山智慧新城试点实施方案》《嘉定智慧新城试点实施方案》等方案。

对上海市各地区发布专项规划,如《中国(上海)自由贸易试验区信息基础设施专项规划》《上海浦东新区三林滨江南片区信息基础设施专业规划》《上海浦东新区北蔡社区 Z000501 单元(白杨路以西片区)信息基础设施专项规划》《上海市嘉北郊野公园信息基础设施专项规划》等。

上海市人民政府高度重视对智慧城市建设及发展的指导,出台了相关规划。

2016 年 9 月 19 日,上海市人民政府发布《上海市推进智慧城市建设"十三五"规划》,规划指出,充分认识智慧城市发展的基础和环境,以新理念引领智慧城市创新发展,构建普惠化的智慧城市应用格局,完善一体化的智慧城市支撑体系,营造全方位的智慧城市发展环境。到 2020 年,上海信息化整体水平继续保持国内领先,部分领域达到国际先进水平,以便捷化的智慧生活、高端化的智慧经济、精细化的智慧治理、协同化的智慧政务为重点,以新一代信息基础设施、信息资源开发利用、信息技术产业、网络安全保障为支撑的智慧城市体系框架进一步完善,初步建成以泛在化、融合化、智敏化为特征的智慧城市。

2016 年 9 月 13 日,上海市人民政府发布《上海市政府电子政务"十三五"发展规划》,规划指出电子政务发展基础与发展形势、"十三五"电子政务发展指导思想与基本原则、总体目标、主要任务、保障措施。规划认为大力推进电子政务发展,是新时期推进政府治理体系和治理能力现代化、电子政务的必然要求,是推动简政放权、放管结合、优化服务改革向纵深发展的重要举措。

2016 年 10 月 19 日发布《上海市产业与信息化领域"十三五"人才规划》,规划指出"十三五"期间产业与信息化领域人才发展重点任务是优化三支人才队伍,建设一批人才基地,释放一项政策红利,实施一批人才项目,改善两项管理制度和建设一个服务体系。到 2020 年,人才供需不平衡矛盾明显改善;关键领域人才国际化程度进一步提高；人才队伍结构进一步优化；人才市场化机制改革率先推进。

2.3.2 重点项目与工程

1. 智慧民生

1）智慧健康

深化基于市民电子健康档案的卫生信息化工程，推进健康信息在公共卫生机构、医疗机构、家庭医生和市民之间共享利用，建设覆盖医疗、医保、医药和公共卫生领域的卫生综合管理平台，推动医疗大数据研究和应用。加强传染病防控、慢性病管理、妇幼保健、职业卫生、精神卫生等公共卫生信息化建设，完善疾病预防控制业务信息平台。深化医院信息化建设，探索新型患者就医、付费模式，探索开展远程医疗服务。建设群众体育健身信息服务平台，为市民提供体育场馆查询预订、体育健身指导及体质监测等服务，促进科学健身。鼓励社会力量参与市民健康服务，探索市民健康服务新模式。

2）智慧教育

发挥信息技术对教育现代化支撑作用，建立教师备课和学生学习支撑系统，创新教学手段和模式。建设大规模智慧学习平台，为市民提供在线学习、终身学习等个性化学习服务。以建设上海教育资源中心为突破口，探索建立资源建设多元评价机制和共享激励机制，促进优质教育资源向社会开放。建设上海教育数据中心，汇集整合各级各类教育数据，以教育大数据支撑教育管理决策、教学研究和公共信息服务。推动涵盖校区管理、教务安排、后勤保障等内容的智慧校园建设，深化易班——上海大学生网络互动社区建设，打造互动、开放、共享的网络平台。鼓励企业和社会机构挖掘需求，建设网络服务平台，面向不同人群提供开放式在线课程（MOOCs），丰富互联网教育产品。

3）智慧文化

围绕市民对公共文化服务的需求，搭建文化上海云平台，汇聚整合全市文化活动、文化展示、文化演出、文化培训、场馆导览、图书阅读、非物质文化遗产保护等公共文化资源，为市民提供不受时间、地域限制的一站式服务。加快图书馆、博物馆等文化资源的数字化，为市民提供触手可及的公共文化服务，到2016年60%的市级博物馆和40%的区级博物馆实现数字化。鼓励企业开发推广各类满足市民需求的数字内容产品和服务,培育互联网文化服务领域龙头企业。

4)智慧旅游

鼓励和引导旅游电子商务平台建设,为游客提供旅游线路规划和交通、住宿、门票预订购买等一站式服务。推进景区智能化建设,提供电子门票、自助导览、自助讲解等服务。建设旅游市场监测预警平台,开展旅游企业、行业信息动态统计和分析,提升行业运行发展分析能力和决策能力。建立旅游舒适度指标体系,提升旅游公共突发事件预防预警、快速响应和及时处置能力。加强旅游行业监督管理,强化旅游行业信用监管和服务。

5)智慧交通

应用信息技术提升交通运输行业智能化水平,发挥交通智能化对综合交通组织、运行、管理的支撑作用。优化交通综合信息服务平台,推进新城、新市镇道路交通信息采集和处理,实现与市级交通综合信息平台互联互通。建设公共停车信息平台,采集实时停车泊位信息,发布停车诱导动态信息,推进停车收费电子化和监管智能化。完善公共交通信息服务系统,推进公交客流实时信息采集、智能集群调度和公交电子站牌建设。扩大高速公路不停车收费系统(ETC)覆盖面。推进公交卡长三角区域互联互通。扩大公交车 WLAN 覆盖范围。推动北斗卫星导航示范应用。鼓励社会力量参与交通信息服务体系建设,推动交通信息全程服务应用示范。

6)公共服务

智慧养老:围绕构建五位一体社会养老服务体系,搭建全市统一的养老公共服务信息平台,统筹政府部门及市场机构的各类养老服务信息资源,建立涵盖服务需求、服务项目、服务队伍、服务设施和养老政策的养老数据库,提供一站式养老咨询、申请、评估、分类转接等服务。发展智能化养老机构,推进社区养老信息化建设,为老年人提供生活照料、紧急援助、医疗保健、心理慰藉等服务。推进物联网、移动互联网等在养老服务领域的广泛应用,促进远程健康监护、居家安防等应用。

智慧就业:以整体提升人力资源服务智能化水平为目标,整合职业培训、技能鉴定、海内外人才引进、居住证积分制、社保缴费等人才和就业服务内容,提供面向法人的在线自助经办应用。建立个人和企业就业诚信系统,深度挖掘劳动监察、劳动仲裁、社保缴费等方面的业务数据,实现政府就业监管机制创新。开放人力资源和社会保障相关信息资源,鼓励社会机构积极参与就业服务,推进社会机构与政府之间信息共享。

智慧气象:建设城市专业气象服务平台,建立气象对相关行业影响的预测模型,为交通、卫生、农业、能源等重点行业提供智能化服务。建设个性化、互动式的"我的气象台",紧贴市民衣、食、住、行等方面的需求,为老人、儿童、疾病易感人群等特定群体提供精细化的气象服务和生活引导产品。拓展气象信息发布渠道,使市民享受触手可及的气象服务。

2. 智慧经济

1)智慧制造

鼓励发展基于产业互联网及大数据分析的新型生产组织方式,发展云制造和按需制造,推动个性化定制、众包众创等模式创新。推动制造业服务化,发展面向产品的在线服务、远程维护等新业态,实施工业云创新服务试点,支持面向行业和区域的公共服务平台、行业性交易平台建设推广。推动绿色低碳制造,支持利用信息化手段加强企业资源管理、能耗监控及生产流程能源优化,推动基于产品全生命周期管理的产品回收、产品再制造、逆向物流等信息系统建设。

2)智慧金融

互联网金融。鼓励互联网企业面向金融行业开展跨界融合,加快第三方支付创新应用,在安全可控前提下,支持网络借贷(P2P)、众筹等互联网金融业务创新。推动银行等金融机构通过互联网开展业务创新,加快金融领域网络创新业务发展。提升金融信息和数据集聚度,发展与国际接轨的财经、证券、保险等大型信息资讯平台。深化智能卡应用,推动银行集成电路(IC)卡的广泛应用,鼓励各类智能 IC 卡在便民支付领域多卡集成。

3)智慧商务

发展电子商务服务业,鼓励各类跨境电子商务、大宗商品交易服务平台集聚发展,培育对接产业链的嵌入式电子商务集成创新服务平台,支持围绕中小企业生命周期经营各环节实际需求的创新平台发展,推动应用云计算、大数据、移动互联网等新技术的电子商务服务模式和业态创新,加快形成第三方电子商务服务产业链。围绕传统产业改造提升,鼓励骨干制造行业加速提升供应链业务协同能力,应用电子商务创新制造、服务模式。推动传统商贸服务业加快网络购物、网上商城等应用,积极探索线上线下互动(O2O)、客户到企业(C2B)等新型电子商务服务模式。深化电子商务产业园区和示范基地建设,推动电子商务与物流、快递业协调发展,进一步优化电子支付、信用服务、安全认证等支撑环境,促进电子发票、电子合同应用推广。构建快递业服务安全评估预警监管综合信息平台,创新行业服务方式和监管模式,鼓励规模快递企业创新应用,提升全市快递业信息化水平和快件末端投递智能化水平。

4)智慧企业

鼓励制造业骨干企业提高生产设备、制造工艺、生产组织智能化水平,推动工业机器人、增材制造等先进制造技术的示范应用,建设数字化车间和智能工厂。鼓励服务业企业应用大数据、物联网、移动互联网等,不断创新商业模式,提高服务能级和决策科学化。鼓励面向中小微企业的信息化服务体系和公共服务平台建设,提高企业信息化应用能力和水平。大力推动"两化"融合管理体系贯标试点,指导一批试点企业完成达标认定,建立和完善全市贯标服务和认证体系。

5)智慧航运

推动口岸监管作业智能化,深化口岸通关无纸化,围绕进出口企业通关便利需求,推进监管部门联网核查。建设贸易单一窗口,实现单证一口申报、监管状态信息一口反馈。完善国际航运中心综合信息平台,构建统一的数据交换系统和对外服务窗口,实现口岸监管、码头作业、货物运输、航运服务等信息共享交换。推动多种运输方式及物流资源的信息协同运作、口岸通关税费和港口航运结算的电子支付等功能,提高口岸整体运行效率,降低航运相关单位管理和运行成本。开展亚太示范电子口岸建设,与亚太经济合作组织(APEC)成员重点口岸实现基础设施互联互通。

3. 智慧治理

1)城市综合管理

在城市网格化管理信息系统基础上,建设城市综合管理信息平台,并与市民服务热线衔接,与相关行业管理信息系统互联互通,逐步实现非紧急类城市综合管理领域全覆盖。完善突发公共事件应急指挥平台应用功能。建设城市管理行政执法指挥平台,实现对市容环境违法行为及时发现、有效取证、依法解决。使用卫星定位技术加强渣土车监管,深化信息共享,提高渣土车监管效能。

推动完善"地楼房"基础数据管理和动态监管机制,推进个人住房信息、物业管理、房屋修缮及安全使用等系统建设。推进建筑信息模型(BIM)技术在政府投资的公共建筑和市政基础设施工程项目中的应用,鼓励社会投资的建筑工程项目应用 BIM 技术实现全生命周期管理。

2)食品安全

推进食品安全许可、监管和处罚信息共享,检验检测结果共享,突发事件协同处置等系统建设,完善食品安全风险监测、投诉举报和信用评价机制。建立食品安全数据库,推进与市、区、街道乡镇监管系统和市法人库、市公共信用信息服务平台的数据共享。深化食品信息全程追溯功能,围绕食品生产、加工、流通、销售等重点环节,实施粮食及制品、畜肉及制品、禽类、蔬菜、乳品、食用油、水产品、酒类等 8 大类食品信息全程感知和溯源。推进对食品生产、流通、餐饮服务企业的跨部门协同监管。面向社会发布食品安全综合监管、应急预警等信息,鼓励社会力量参与食品安全管理和服务信息化体系建设。

3)环境保护信息化

完善全市环境质量监测网络建设布局,实现对大气、水、噪声、辐射、土壤、生态等环境要素监测监控全覆盖。加强长三角区域大气污染联防联控,建设长三角区域空气质量预报预警系统,实现区域内大气污染综合监测数据实时共享,建立污染源排放量清单,做好区域空气质量预报预警工作。加强环境污染源管理,实现危险废物产生、运输、处置、监管等全过程信息化。加强环境保护信息资源开发利用,引导企业提供面向公众、企业等不同对象的便捷化环保信息服务。

4)公共安全信息化

增强公共安全防控信息化建设,加快图像监控、通信网络、数据中心等信息基础设施建设、扩容,完善各类社会资源共享共用机制,加强重点区域监控,提高视频监控覆盖率。深化应急管理领域业务协同,运用云计算、大数据、物联网等新一代信息技术,采集水、电、气等涉及民生的公共资源运行状况,切实提升突发事件监测、预警和应急处置能力,完善突发事件应急平台体系。全面提升快速反应能力和应急处突能力,提高社会综合治理水平和能力。

5)智能化城市生命线

聚焦水、电、油、气等城市生命线,推动城市公共基础设施管理智能化,提升管网利用效率和资源利用水平,拓展新的服务模式,保障城市运行安全、平稳、有序。加快智能电网建设,推动智慧照明试点,促进能源生产变革。深化智慧水网建设,推动新兴信息技术在供水安全、防汛、水资源与环境生态一体化管理等方面的深度应用,建设水资源管理信息平台和供水调度管理信息平台,提升对全市水安全保障、水资源管理的支撑能力。

4. 智慧政务

1)电子政务一体化

以转变电子政务建设模式、提升电子政务服务能级和安全防护能力为目标,建设基于云计算的电子政务公共平台,实现硬件资源、数据交换、应用支撑、资源管理的统筹,有效降低电子政务建设运维成本,提升资源集约化程度。建设面向政府公共服务的大数据平台,向各部门提供基于电子政务公共云平台汇聚的各类数据资源,为辅助决策、统计分析、业务管理等方面提供大数据支撑。完善政府信息共享管理规范,形成规范有效的信息共享管理机制,建立与之相适应的电子政务管理体制和工作机制,构建统一高效、弹性扩展、安全可靠、按需服务的电子政务应用生态环境。

2)政府公开数据开放服务

建设完善上海数据服务网,形成政府公共数据对外服务统一门户,推动基于移动互联网的政务应用系统开发。加快制定政府公共数据资源向社会开放的标准规范,探索建立政府公共数据资源开发利用的规范和渠道。深化公共资金、公共资源、食品安全等政府信息公开,全面开放地理位置类、市场监管类、交通状况类等重点领域的政府数据。开发数字档案信息资源,推进档案资源数字化、管理手段现代化、档案服务网络化,提高档案便捷服务和信息共享水平。采用外包、政府购买服务等方式获取用于政府管理和公共服务的数据产品和服务,促进信息服务产业发展和公众信息消费。

3)优化公共服务渠道

推进服务模式从"一门式"向"一口式"转变,开发建设基于云计算技术、部署于区级的社区事务受理服务系统,通过后台"一表式"管理,实现社区事务一口受理、办理结果一口反馈。深化政府门户网站网上办事功能,推进政府服务热线整合归并,拓展法人数字认证"一证通"使用范围。鼓励企业开发多渠道、多载体的公共信息服务平台,使公众享受到均等、便捷、规范的公共服务。

4)提升电子政务网络服务能级

完成公务网骨干网升级改造,实现与国家政务内网网络信任服务系统的衔接,推进公文网上传阅、办理,规范电子文件档案管理。充分利用800兆数字集群政务共网资源,提高政务外网网络保障能力,全面满足市和区两级政府部门各类应用的接入需求和云计算、大数据、下一代互联网等新兴技术要求。

5)公共信息服务平台

促进信息记录归集,建立相关标准规范,发挥跨部门信息共享系统渠道作用,信息覆盖全市行政机关及依据法律法规行使公共事务职能的社会组织,实现信息查询比对、信用筛选、信用预警等功能,满足社会对公共信用信息的需求。拓展平台信息应用,促进行政机关在日常监督管理、公共资源分配、表彰奖励等活动中查询使用公共信用信息,发挥信用服务机构作用,分析处理相关信息,推行相对人信用评价和分类管理。以应用为导向,以长三角为突破口,推进区域信用平台共建、信用信息互通、信用管理合作。

5. 智慧新地标

1)智慧社区

围绕生活更便捷、更安全、更和谐的主旨,推进智慧社区建设,促进社区服务集成化、社区管理智能化、居民生活现代化。根据《上海市智慧社区建设指南(试行)》,以生活服务、社区管理和公共服务、智能小区、智能家居为重点,推动50%以上社区开展智慧社区试点示范建设。鼓励建设面向市民服务的云平台,汇聚政府公共服务和市场服务资源,通过电脑、手机、数字电视等渠道,为市民提供社会保障、医疗健康、交通出行、气象信息、文化娱乐、公用事业、智能安防等服务。

2)智慧村庄

按照美丽乡村建设总体要求,以信息基础设施高速泛在、农村公共服务便利化、村庄治理信息化为重点,在20个村开展智慧村庄试点示范建设。实施宽带进村,实现农村家庭宽带网络接入全覆盖,优化完善3G网络,基本实现4G网络覆盖。围绕农村居民生产、生活实际需求,鼓励和支持相关部门进一步加强文化、教育、旅游信息资源和服务推送;支持建设美丽乡村旅游公共信息服务平台;完善新型农村合作医疗信息系统,支撑新型农村合作医疗市级统筹工作开展。围绕村庄治理需求,加快推进村委会电子台账建设,减轻基层工作负担;

深化行政村网页建设,加强村务公开工作;深化农村集体"三资"监管平台应用,提升村庄治理信息化水平;加强农村信息员队伍建设。

3)智慧商圈

围绕传统商业能力提升和模式创新,以商品营销和品牌服务为核心、商业企业为主体、商业集聚区为载体,通过信息化提升商圈整体服务水平。加快商圈信息基础设施升级,推动重点商圈宽带和无线网络覆盖,鼓励商家提供免费无线网络接入服务。推动停车诱导、购物导航、移动支付、基于位置信息服务等在商圈中的应用,提升商圈信息化管理和服务水平。鼓励电子商务企业与实体商圈互动,在有条件的商圈推动搭建信息化综合服务平台,推动以智能终端、商贸联动和会员互动为重点的基于商圈的网络社区建设。推进用户数据管理和共享,推动传统商业模式向基于大数据精准化营销的转型。

4)智慧园区

围绕园区管理和产业服务,加快信息化助力制造业园区高端绿色、服务业园区宜居宜业发展。推动信息基础设施集约建设,实现重点园区固定宽带网络、移动通信网络和 WLAN 等的优化覆盖。鼓励园区管理服务精细化,以办公、招商、物业等为核心,推动形成基于互联网的"一站式"园区公共管理服务体系。鼓励产业服务专业化,支持各类产业创新和商务合作平台发展,提供企业信息化、在线产品服务、公共检测、投融资等增值服务,以及园区休闲、便捷支付、智能停车等生活服务。鼓励园区能源环境智能调控,鼓励信息技术、智能装备、新能源、新材料、文化创意等新兴产业的园区集聚。

5)智慧新城

围绕基础网络领先、智慧应用普及、智慧产业集聚、信息安全可控,在嘉定等新城开展智慧新城试点。以新城为载体,加快智慧社区、智慧村庄、智慧商圈、智慧园区试点示范,鼓励社会力量参与智慧新城建设。推动相关扶持政策向智慧新城倾斜,优先推动 4G 网络覆盖等信息基础设施建设,"医食住行文教旅"等智慧化服务模式创新应用,云计算、大数据、物联网等新一代信息产业发展,率先将智慧新城打造成为上海智慧城市标杆。

2.3.3 主要成果

1. 信息基础设施水平不断提高

《2016 年上海市信息社会发展报告》指出,上海市信息社会发展稳中有进,发展水平继续保持全国第二,连续五年保持全国第二位。近五年来,上海市信息社会发展态势良好,已具备较好的发展基础,增长趋于平稳(见图 2-1)。

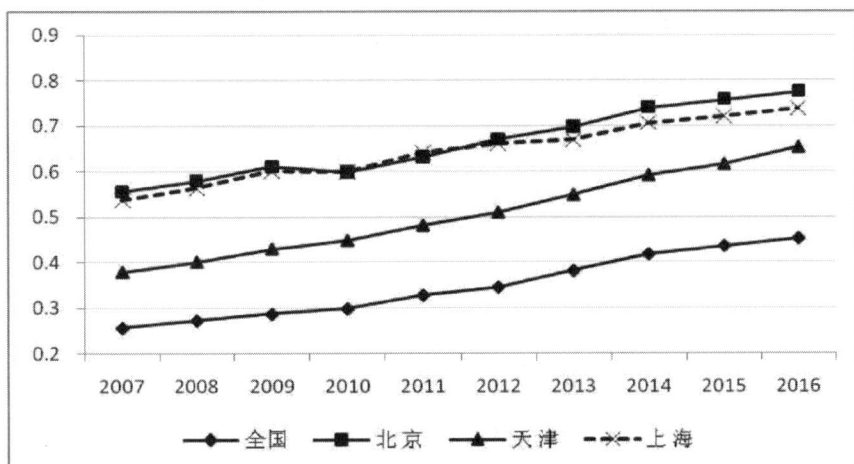

图 2-1　全国及排名前三省市信息社会发展指数(2016)

1)信息经济发展稳中有增,发展水平保持全国第二(见图 2-2)。

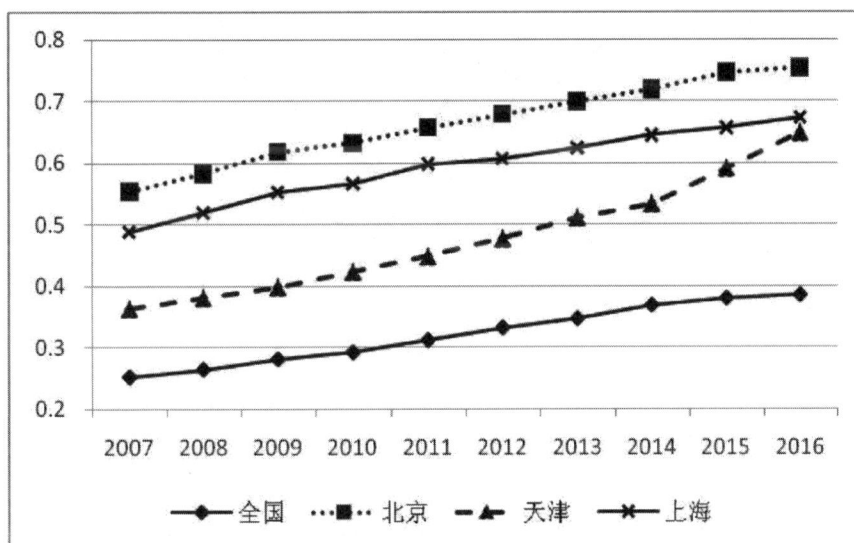

图 2-2　上海市与全国信息经济发展领先省市发展情况

2)网络社会发展增长放缓,发展水平位居全国第二(见图 2-3)。

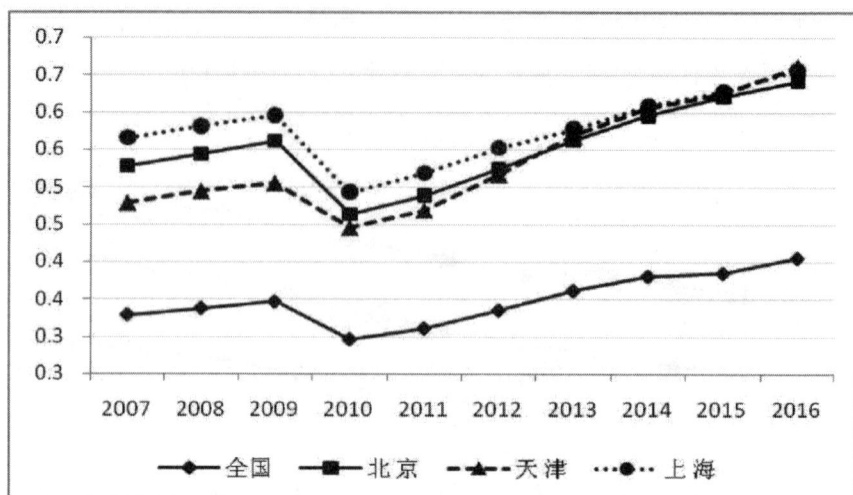

图 2-3　上海市与全国网络社会发展领先省市发展情况

3)在线政府指数波动较大,排名保持全国第二(见图 2-4)。

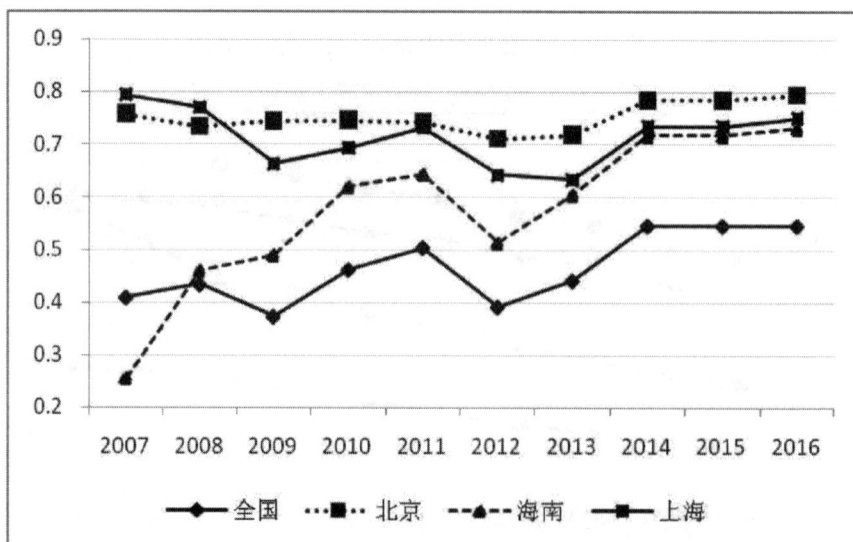

图 2-4　上海市与全国在线政府发展领先省市发展情况

4)数字生活发展平稳增长,发展水平保持全国第二(见图 2-5)。

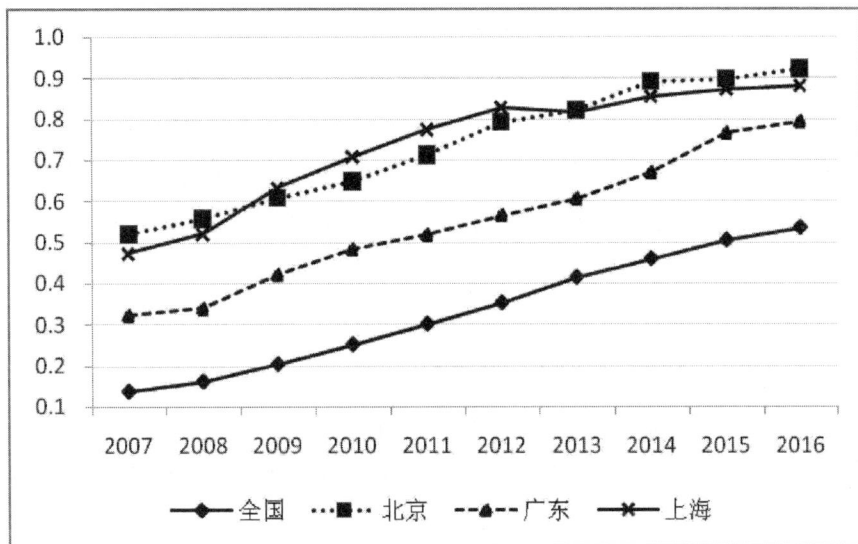

图 2 - 5　上海市与全国数字生活发展领先省市发展情况

2. 信息应用服务平台不断完善

上海电子政务环境支撑体系进一步深化,公务骨干网服务能级继续提升,重点网站安全运行能力不断增强。网格化管理信息系统在上海全市 16 个区县 224 个街镇(含开发区)覆盖能级稳步提升,持续推进区县、街镇和村居工作站网格化管理平台功能升级,持续深化专业网格化管理系统的建设。"持续深化专业网市民热线进一步整合,覆盖面越来越广,自开通以来,截至 2015 年,日均接电量上升为 7000 余个,共接听市民电话 450 多万个,接通率 93.2%,办结率 99.5%,充分发挥热线的"双服务"作用。"一站式电子政务服务",进一步加强电子政务公共服务渠道的拓展和优化,集网上办事、政府信息公开、便民服务、政民互动等功能于一体,为企业与市民提供更优质的服务。食品监管平台,2015 年年底已完成"一网八系统"的主体建设,整合 7 个食品相关应用业务系统,累计收集数据 90 余万条。治安保障平台支撑体系有序推进,针对城市公共安全管理中面向非常规的群体性突发事件的主动感知和大型活动安保等问题,建设人流密集场所安全风险监测平台。(2016 上海产业和信息化发展报告)

3. 数据资源不断开放

市政府数据服务网累计开放数据集近 1000 项,涵盖了经济建设、资源环境、教育科技、道路交通等 12 个重点领域,在国内保持领先。政府数据资源目录管理系统进一步完善,汇聚和发布了市级预算部门数据资源目录数 1.5 万条、数据项 21 万个。

4. 试点工程不断推进

上海市着眼区域试点示范工作,围绕智慧社区、智慧村庄、智慧商圈、智慧园区、智慧新城建设,创新试点全面推进,应用示范成效显著。

(1)到 2015 年底,上海 16 个区县共确定了 50 家试点智慧社区。

(2)自 2014 年上海市推进首批 5 家"智慧村庄"试点工作,2015 年 12 月又新增 9 家试点村庄,实现所有郊区县都有试点村庄,智慧村庄试点全面布局。

(3)2015 年,在徐家汇等 7 个市级重点商圈开展试点。

(4)2015 年,启动第三批智慧园区试点单位推荐和评审,推荐三批智慧园区试点单位建设,上海市已有近 30 家试点智慧园区。

(5)指导试点新城进行市、区两级平台的资源整合,取得初步成果。

(2016 上海产业和信息化发展报告)

2.3.4 问题与瓶颈

1. 对城市管理与社会治理的聚焦不足

目前,上海市面向城市发展的信息化建设主要以"智慧城市"为目标,构建了智慧民生、智慧经济、智慧治理、智慧政务、智慧地标等五大主题,取得了显著的成绩。"智慧城市"的覆盖范围较为广泛,在信息化发展初期,有利于夯实基础。而目前上海市信息化发展已经建设了较好的基础,需要进一步聚焦于城市管理和社会治理的重点领域,然而,目前的信息化建设方案显得聚焦度不足。

2. 缺少顶层设计与理论模型支撑

如前文所述,上海市非常重视信息化在智慧城市等领域的发展,颁布了许多相关的政策与规划,建设了许多重点项目和工程,取得了显著的成果。然而在信息化发展中,较为重视实践层面的规划、政策、行动计划和具体项目的规划,但总体的顶层设计与理论模型则相对缺乏。缺少顶层设计与理论模型的支撑,信息化建设将缺乏清晰的总体框架指导,容易只见树木不见森林,难以整体把握信息化建设的发展路径。

3. 建设标准与评价体系欠缺

通过对新一代信息技术的创新应用来建设和发展智慧城市,是我国社会实现工业化、城镇化、信息化发展目标的重要举措，也是破解城市发展难题、提升公共服务能力、转变经济发展方式的必然要求。

标准是规范技术开发、产品生产、工程管理等行为的依据。统一标准是信息系统互通、互连、互操作的前提。标准化工作是推动信息化建设实践的重要基础性工作。

当前，急需构建并完善一套科学合理的建设标准和指标评价体系。建设标准保障信息化建设中相关工程的建设及软件产品的研发在全国范围内有章可循，有法可依，形成一个有机的整体。指标评价体系客观反映和评价信息化的发展状况，引导并推动信息化建设的健康、有序发展。

4. 公众参与程度不足

当前的信息化建设，大多从技术角度出发，追求新技术、新理念在应用平台上的实现，从公众的实际需求出发较少，没有理清社会应用工程建设与公众服务需求的本质关系，从而造成城市整体服务质量和服务效率提升缓慢，公众参与程度不足。

针对以上问题，本书将重点分析城市信息化建设的顶层设计和理论模型，特别聚焦于城市管理与社会治理领域，提出上海市的理论模型。

3 智慧城市的理论框架综述

3.1 信息系统的体系构建方法

3.1.1 信息系统的层次架构

目前,大多数的信息系统都采用层次式结构,即将一个系统分为若干层次。处在高层次的系统仅是利用较低层次的系统提供的接口和功能,不需了解低层实现该功能所采用的算法和协议;较低层次也仅是使用从高层系统传送来的参数,这就是层次间的无关性。因为有了这种无关性,层次间的每个模块可以用一个新的模块取代,只要新的模块与旧的模块具有相同的功能和接口,即使它们使用的算法和协议都不一样。这种层次架构的优点体现在:①层间的标准接口方便了工程模块化;②降低了系统的复杂度,使系统的每个模块更容易修改,而不会影响到相关模块的结构,系统发展更新的速度更快;③创建了一个较为标准化的互联互通环境,只要符合系统标准的模块可以很容易与系统互通。

20 世纪 70 年代以来,国外一些主要计算机生产厂家先后推出了各自的网络体系结构,但它们都属于专用的。为使不同计算机厂家的计算机能够互相通信,以便在更大的范围内建立计算机网络,有必要建立一个国际范围的网络体系结构标准。国际标准化组织 ISO 于 1981 年正式推荐了一个网络系统结构 Open System Interconnection(OSI)。由于这个标准模型的建立,使得各种计算机网络向它靠拢,大大推动了网络通信的发展。目前的互联网、计算机、智能终端等都是基于 OSI 模型的七层体系架构。

随着信息系统的发展,信息资源逐步由物理资源转变为虚拟化资源。2006

年8月9日,Google首席执行官在搜索引擎大会首次提出"云计算"(Cloud Computing)的概念。此后,云计算的技术在信息领域迅速发展。云计算是通过使计算分布在大量的分布式计算机上,而非本地计算机或远程服务器中,当需要计算服务时则通过互联网购买。它意味着计算能力也可以作为一种商品进行流通,最大的不同在于,它是通过互联网进行传输的。虽然云计算是一种全新的信息技术,也带来了信息领域的革命,但是其体系架构仍沿用了信息领域经典的层次化架构。

3.1.2　OSI 模型

Open System Interconnection Reference Model (OSI)是一个开放性的通信系统互连参考模型,简称为OSI模型。OSI模型是一种概念模型,一种使各种信息终端能够在世界范围内互联为网络的标准架构。OSI模型共有7层结构,因此也被称为七层网络模型,如图3-1所示。OSI模型的7层从上到下分别是:

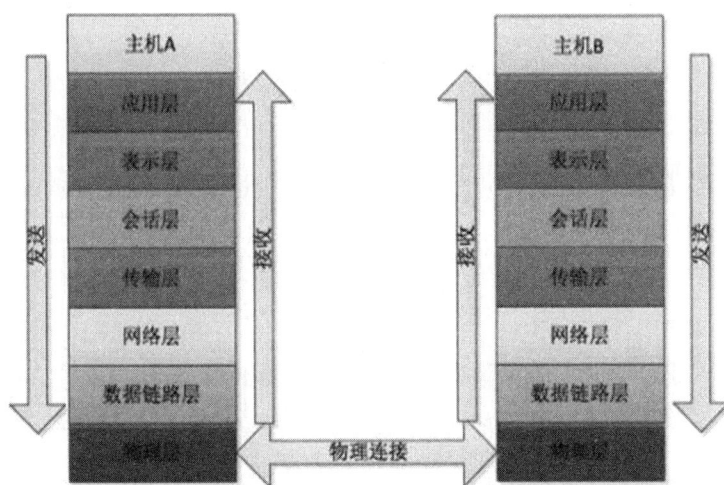

图 3 - 1　OSI 模型概念图

1. 应用层

与其他计算机进行通信的一个应用,它是对应应用程序的通信服务的。例如,一个没有通信功能的字处理程序就不能执行通信的代码,从事字处理工作的程序员也不关心OSI的第7层。但是,如果添加了一个传输文件的选项,那么字处理器的程序员就需要实现OSI的第7层。

2. 表示层

这一层的主要功能是定义数据格式及加密。例如,FTP 允许你选择以二进制或 ASCII 格式传输。如果选择二进制,那么发送方和接收方不改变文件的内容。如果选择 ASCII 格式,发送方将把文本从发送方的字符集转换成标准的 ASCII 后发送数据。接收方再将标准的 ASCII 转换成接收方计算机的字符集。

3. 会话层

它定义了如何开始、控制和结束一个会话,包括对多个双向消息的控制和管理,以便在只完成连续消息的一部分时可以通知应用,从而使表示层看到的数据是连续的,在某些情况下,如果表示层收到了所有的数据,则用数据代表表示层。

4. 传输层

这层的功能包括是否选择差错恢复协议还是无差错恢复协议,及在同一主机上对不同应用的数据流的输入进行复用,还包括对收到的顺序不对的数据包的重新排序功能。

5. 网络层

这层对端到端的包传输进行定义,它定义了能够标识所有结点的逻辑地址,还定义了路由实现的方式和学习的方式。为了适应最大传输单元长度小于包长度的传输介质,网络层还定义了如何将一个包分解成更小的包的分段方法。

6. 数据链路层

它定义了在单个链路上如何传输数据。这些协议与被讨论的各种介质有关。

7. 物理层

OSI 的物理层规范是有关传输介质的。这些规范通常也参考了其他组织制定的标准。连接头、帧、帧的使用、电流、编码及光调制等都属于各种物理层规范中的内容。物理层常用多个规范完成对所有细节的定义。

3.1.3　云计算架构

近些年,云计算的概念在信息领域发展迅速,已经成为信息化建设的一个主流发展方向。后端有规模庞大、非常自动化和高可靠性的云计算中心的存在,人们只要接入互联网,就能非常方便地访问各种基于云的应用和信息,并免去了安装和维护等烦琐操作,同时,企业和个人也能以低廉的价格来使用这些由云计算中心提供的服务或者在云中直接搭建其所需的信息服务。

目前云计算架构可不像 OSI 模型一样非常标准化，但较为公认的云计算包含三个层次：基础设施即服务（IaaS），平台即服务（PaaS）和软件即服务（SaaS），如图 3 - 2 所示。

图 3 - 2　云计算架构概念图

（1）IaaS（Infrastructure-as-a-Service）：基础设施即服务。消费者通过互联网可以从完善的计算机基础设施获得服务。

（2）PaaS（Platform-as-a-Service）：平台即服务。PaaS 实际上是指将软件研发的平台作为一种服务，以 SaaS 的模式提交给用户。因此，PaaS 也是 SaaS 模式的一种应用。但是，PaaS 的出现可以加快 SaaS 的发展，尤其是加快 SaaS 应用的开发速度。

（3）SaaS（Software-as-a-Service）：软件即服务。它是一种通过互联网提供软件的模式，用户无需购买软件，而是向提供商租用基于 Web 的软件，来管理企业经营活动。

3.2　对于城市本体的认知

在介绍信息化理论模型之前，首先探讨一下对于城市本体的认知。城市信息化的理论框架和模型众多,许多模型架构差异很大,一个重要的原因是学者们对于城市本体的认知有较大差异。目前有两类主流的城市本体论,第一种是基于系统理论的城市本体论;第二种是基于人本理论的城市本体论。前者认为城市的本体是一个复杂系统,通过条分缕析将城市细化为一个个分系统和子系统,再逐个提出解决方案。而后者则认为城市的本体是人,城市是人的集和体,城市的存在是为了满足人生存和发展的需求。一般从分析人的需求和服务的角度对城市进行逐层分析。

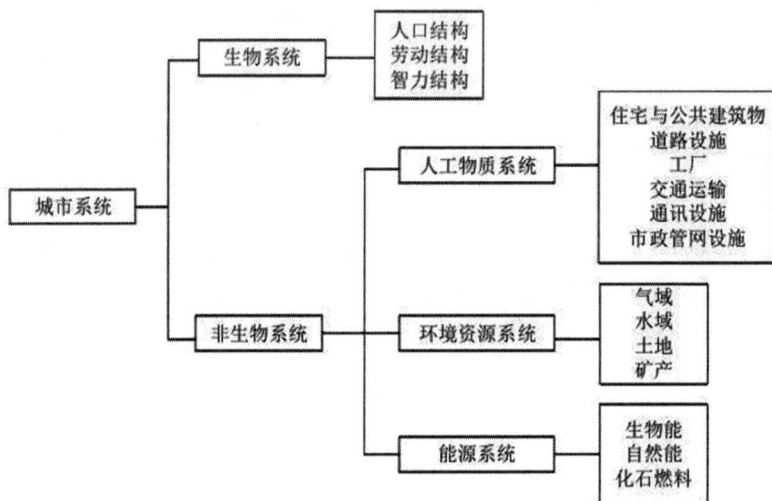

图 3-3 基于环境视角的城市系统[①]

3.2.1 基于系统理论的认知

在系统本体论中,城市被认为是一个复杂的系统,或者系统的系统(system of system)。系统理论被认为是分析信息系统和构建智慧城市系统模型所依据的核心理论。系统科学理论提供了一种对复杂事物进行整体性认识的思路方法,它试图融合科学的不同领域建立一个对所有事物都适用的普遍规则。从"系统"的产生来看,系统是一种认识事物的思维方式,它力图通过建立一些普遍的规则来了解各类不同事物之间联系的共同特征和普遍规律。客观世界的各类事物是相互联系的,长期以来,由于人类认识能力的局限,人们将世界分解为一系列单独的整体,分别研究不同领域事物的性质及其运行规律。

---

① 张小娟. 智慧城市系统的要素、结构及模型研究[D].广州:华南理工大学,2015.

基于系统理论分析城市,就是把城市分解成几个子系统,并将子系统进一步细分为下一级的子系统。而从不同的角度出发,可以对城市的系统有不同种类的划分。例如从环境角度出发,城市可划分为如图3-3所示的系统结构,而从社会的角度出发,城市可以划分为如图3-4所示的系统结构。

城市系统的形成和发展受到不同时期经济、社会、政治、人口、自然等多方面因素的影响,社会系统、经济系统、自然系统、基础系统等子系统之间相互依赖、相互联系、相互对立、相互渗透,由此形成具有自适应、自学习和自我修复功能的城市系统。城市系统的主要特征是具有高度复杂性,主要体现在以下三个方面:①城市系统的子系统数量大、层次多、关系复杂。②城市系统的形成和发展演化过程复杂,是一种自组织过程。③城市系统与外部环境之间存在着密切的联系(见图3-4)。

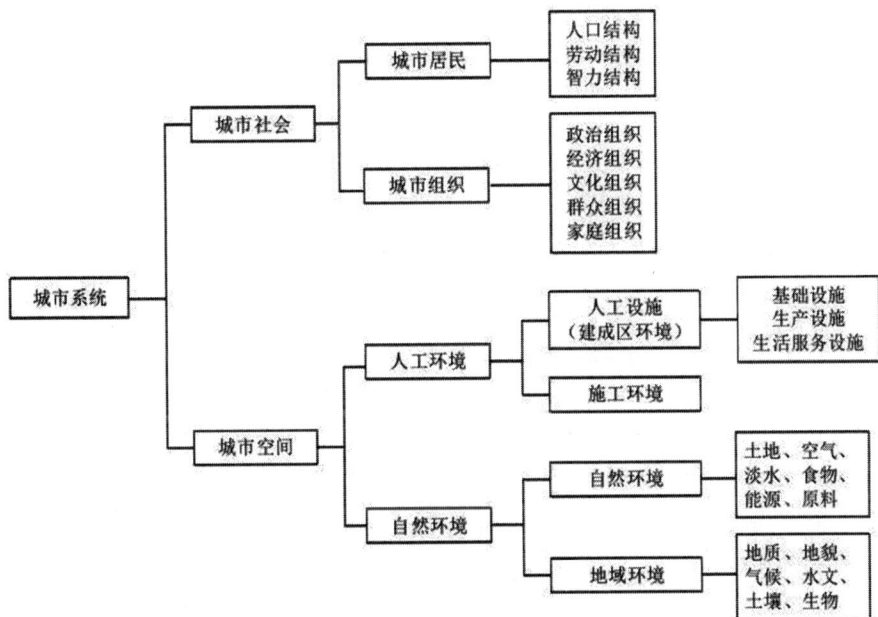

图3-4　基于社会视角的城市系统[①]

与城市系统一样,城市信息化系统也是由各类要素或子系统复合而成的复杂巨系统。与一般城市系统不同的是,城市信息化系统更加完美地融入了"智慧"元素,这里的智慧主要是信息技术的智能和人的智慧结合,它们与城市系统的巧妙融合共同铸就了城市信息系统。

---

① 张小娟.智慧城市系统的要素、结构及模型研究[D].广州:华南理工大学,2015.

3.2.2 基于人本理论的认知

"以人为本"是指以人的主体存在、需要满足和发展为中心,以人本身为目的思想或观念。这种思想在古希腊时期便已有萌芽。它兴起于意大利的文艺复兴时期,14世纪下半期由意大利传播到欧洲其他国家的哲学和文学运动,它是现代西方文化的一个重要因素。人本主义也指承认人的价值和尊严,把人看作万物的尺度,或以人性、人的有限性和人的利益为主题的任何哲学。它是文艺复兴的一个基本方面,当时思想家从这一方面把人重新纳入自然和历史世界中去,并以这个观点来解释人。在这个意义上人本主义是造成17世纪科学革命的基本条件之一,因而在一定程度上也是促使"科学主义"诞生的一个条件。

在城市发展的历史进程中,为了将城市建设成人类理想的居住和生活场所,人们对城市的发展进行了一系列构思和设想,并通过相应的规划方案将其付诸实践,由此城市的发展理念也随着实践的推进而不断演进。从城市的发展历程来看,现代城市的发展理念的演进可以分为理想主义时期、功能主义时期、人本主义时期和可持续发展时期四个阶段,如图3-5所示。城市发展中人本主义的理念也受到文艺复兴及工业革命后的思潮影响,起源于20世纪50年代。"以人为本"的城市认知由重"物"到重"人",由重"功能"到重"本质"的转变,实现了从物质实体领域向社会精神领域的拓展。

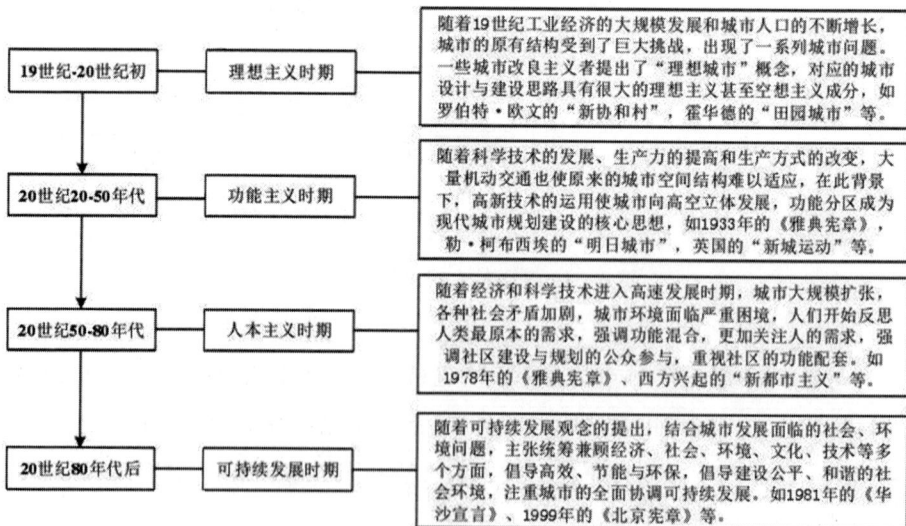

19世纪-20世纪初	理想主义时期	随着19世纪工业经济的大规模发展和城市人口的不断增长,城市的原有结构受到了巨大挑战,出现了一系列城市问题。一些城市改良主义者提出了"理想城市"概念,对应的城市设计与建设思路具有很大的理想主义甚至空想主义成分,如罗伯特·欧文的"新协和村",霍华德的"田园城市"等。
20世纪20-50年代	功能主义时期	随着科学技术的发展、生产力的提高和生产方式的改变,大量机动交通也使原来的城市空间结构难以适应,在此背景下,高新技术的运用使城市向高空立体发展,功能分区成为现代城市规划建设的核心思想,如1933年的《雅典宪章》,勒·柯布西埃的"明日城市",英国的"新城运动"等。
20世纪50-80年代	人本主义时期	随着经济和科学技术进入高速发展时期,城市大规模扩张,各种社会矛盾加剧,城市环境面临严重困境,人们开始反思人类最原本的需求,强调功能混合,更加关注人的需求,强调社区建设与规划的公众参与,重视社区的功能配套,如1978年的《雅典宪章》、西方兴起的"新都市主义"等。
20世纪80年代后	可持续发展时期	随着可持续发展观念的提出,结合城市发展面临的社会、环境问题,主张统筹兼顾经济、社会、环境、文化、技术等多个方面,倡导高效、节能与环保,倡导建设公平、和谐的社会环境,注重城市的全面协调可持续发展。如1981年的《华沙宣言》、1999年的《北京宪章》等。

图3-5 基于人本理论的城市认知发展过程

3.3　城市信息化体系架构模型

基于前文分析的两种不同的城市本体认知,城市的信息理论模型也可以分为两大类。基于系统理论的智慧城市模型以 IBM 公司的智慧城市模型为代表,而基于人本理论的城市信息化模型则以美国联邦政府的 FEA 模型为代表。下面对几种理论模型进行分析。

3.3.1　基于系统理论的城市信息化模型

1. IBM 智慧城市模型

IBM 在 2009 年率先提出了"智慧地球"的概念,随后,作为智慧地球主要的组成部分,智慧城市的概念逐渐兴起。因此,IBM 公司可以认为是智慧城市概念的创始者和引领者。IBM 的智慧城市模型也备受关注。IBM 智慧城市模型认为城市由关系到城市主要功能的不同类型的网络、基础设施和环境六个核心系统组成:组织(人)、业务/政务、交通、通信、水和能源,如图 3 - 6 所示。这些系统不是零散的,而是以一种协作的方式互相衔接。而城市本身,则是由这些系统所组成的宏观系统①。

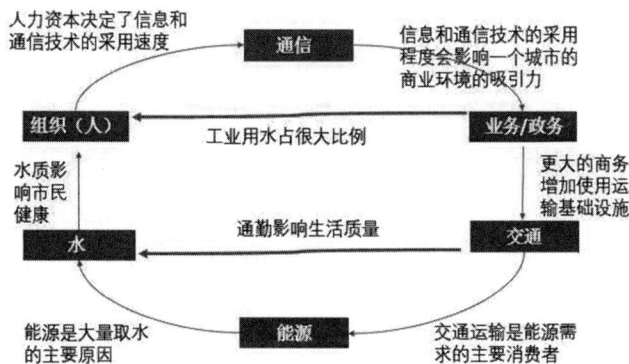

图 3 - 6　IBM 智慧城市模型中的六大核心城市系统关系②

---

① 　IBM. 智慧城市白皮书,2009

② 　IBM. A vision of smarter cities,2009

基于城市六大系统模型，IBM又进一步利用自身在信息领域的优势，提出了智慧城市的解决方案。其中，最下层为智慧城市物联网管理平台，第二层为智慧城市运营管理中心，最上层为不同城市系统对应的服务，如图3-7所示。

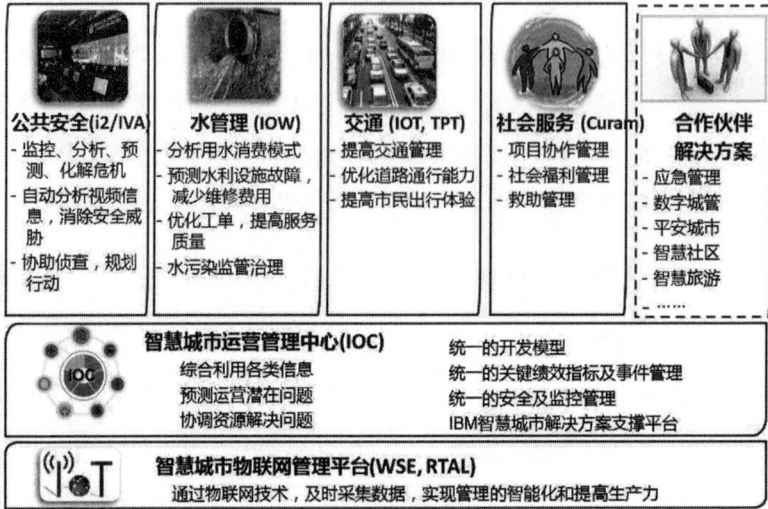

图3-7 IBM智慧城市模型的架构①

2.五维模型

张振刚和张小娟(2014)构建了智慧城市的五维度模型，如图3-8所示②。智慧城市的系统模型是由战略层、活动层、物理层三大层次，以及战略系统、社会系统、经济系统、支撑系统、空间系统五大子系统构成的，其中战略系统位于战略层，战略层位于智慧城市系统的最高层，社会系统和经济系统位于活动层，活动层位于智慧城市系统的中间层，支撑系统和空间系统位于物理层，物理层位于智慧城市系统的最底层。同时，战略系统、社会系统、经济系统、支撑系统、空间系统之间存在着相互联系、相互作用、相互依存的关系。

3.3.2 基于人本理论的城市信息化模型

1.美国FEA模型

1996年美国颁布Clinger-Cohen法案(亦称为信息技术管理改革法案)，

---

① IBM. A vision of smarter cities，2009

② 张振刚，张小娟.智慧城市的五维度模型研究[J].中国科技论坛，2014(11):41-45.

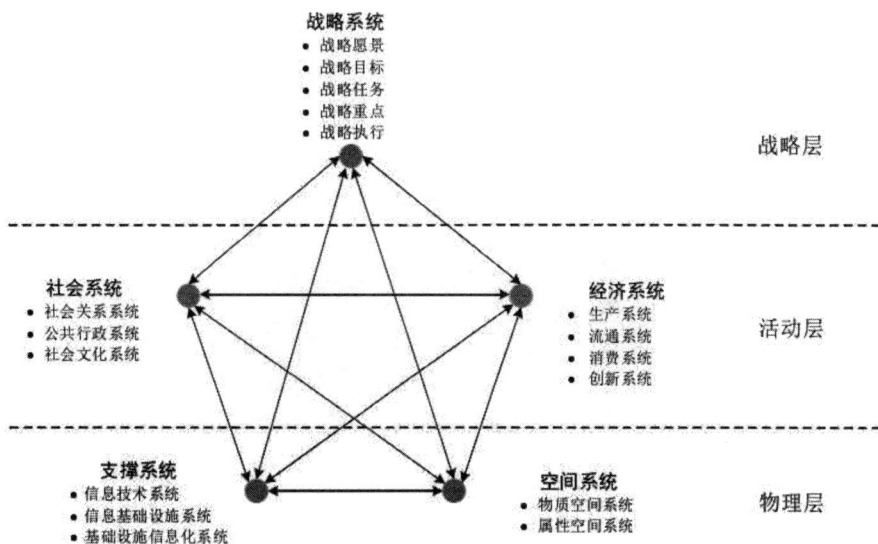

图 3－8 智慧城市五维度模型

这部法案的主旨是美国政府指导其下属的各联邦政府机构通过建立综合的办法来管理信息技术的引入、使用和处置等,并且该法案要求各政府机构的 CIO 负责开发、维护和帮助一个合理的和集成的 IT 架构(ITA)的实施。在此法案的推动之下,CIO 委员会于 1999 年发布了 FEAF(Federal Enterprise Architecture Framework),用于指导联邦政府各部门创建企业架构。随后,联邦企业架构创建和管理工作被移交给了美国的管理和预算办公室(OMB),而 OMB 也随即成立了联邦企业架构程序管理办公室(PMO)来专门开发联邦企业架构(FEA),并于 2002 年 2 月发布了第一版的 FEA,如图 3－9 所示。之后不断进行更新优化,于 2013 年发布了 V2.0 版本,如图 3－10 所示。

1.0 版本中,系统包括五个模块,分别是绩效参考模型、业务参考模型、服务参考模型、数据参考模型和技术参考模型。2.0 版本相对于 1.0 版本发生了较大的调整,其中服务参考模型被应用参考模型取代,数据参考模型的地位上升,在业务参考模型之下。另外,增加了安全参考模型这一重要部分,其与其他五层并不是层次关系,而是跨越五层,对整个体系进行安全保障。

美国的 FEA 模型认为绩效评价是系统主要的驱动力,而业务则是系统的核心,为美国联邦政府各机构提供统一的顶层设计工具。各部门使用统一的参考模型工具,开展信息化建设分析和规划设计工作,避免重复投资和资源浪费。

FEA 的主要作用是更有效地实现部门之间信息化建设的沟通。

美国提出 FEA 模型后，英国、德国、加拿大、澳大利亚、日本、韩国政府也相继制定了本国的架构模型，欧盟还制定了统一的欧盟互操作框架 European Interoperability Framework(EIF)。

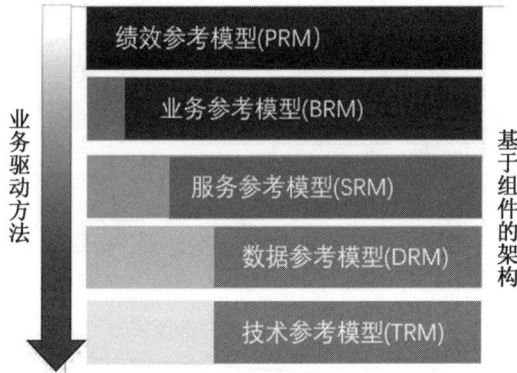

图 3-9　美国 FEA 模型 1.0 版本架构

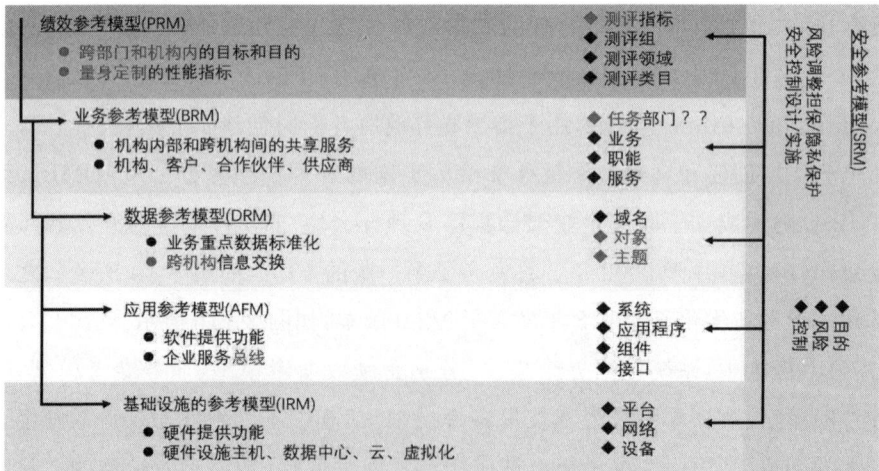

图 3-10　美国 FEA 模型 2.0 版本架构

2. SMART 模型

城市信息化建设的 SMART 模型包括了城市建设的五大要素：服务、管理、应用、资源、技术，如图 3-11 所示。其中最上层为服务层，是城市信息化建

设的最终目标

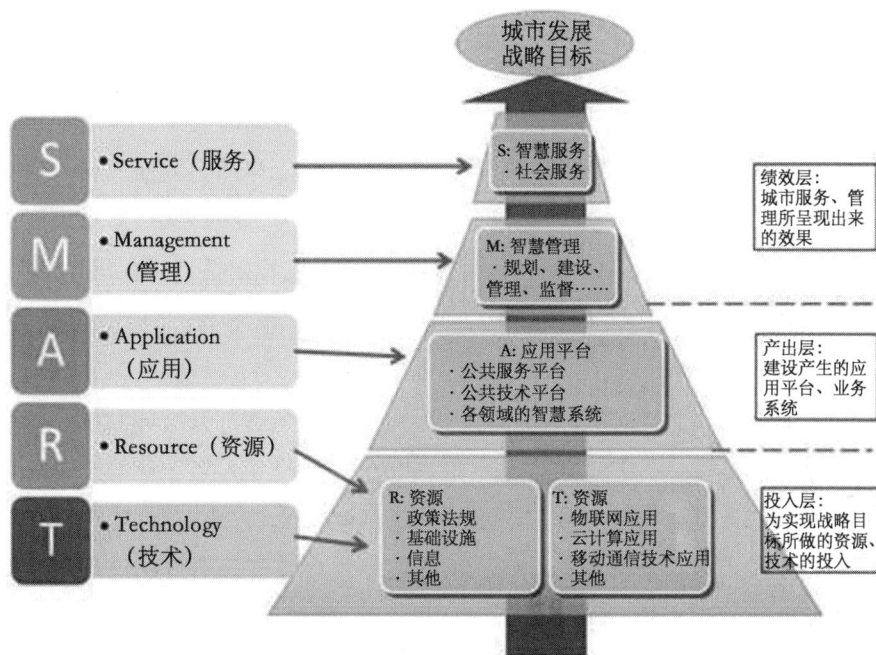

图 3-11　智慧城市的 SMART 模型

1）服务（service）

服务是城市信息化建设的最终目标,而政府是城市活动的主要参与者,也是城市服务的主要提供者,为企事业单位、个人提供公共服务等。服务型政府是国家政府建设的战略目标,也是智慧服务的核心目标。因此,政府在面向企事业单位、个人时需要提供越来越智慧化的服务。

2）管理（management）

管理是城市在运转的过程中,不管是政府还是企事业单位都要履行的城市管理以及运转的职能。智慧管理是一个过程,而不是单纯的活动的集合,是政府、厂商、科研机构、用户等参与的从规划、建设、运营维护到监督的一个完整的过程,城市的管理应立足于城市的宏观管理,包括城市规划管理,运营管理和监督评价管理三个组成部分。

规划管理部分以城市的相关规划、政策法规为依据,对重大项目、重大工程进行人力、资金、物资的计划、组织、协调和控制;运营管理则涵盖了市容市政、城管执法、食品安全、供水供电、公共安全、道路运输、交通等多个领域,涉及运营管理模式、盈利模式、运营效果等具体内容;监督评价管理强调公众参与城市具体的管理活动,监督和评价城市的管理效果。

3)应用(application)

应用指的是信息化的建设、系统的开发、应用平台级的支撑。应用平台以信息资源的流转方向为依据,包括接入、传输、应用、支撑四个方面。接入层应满足用户接入方式的多样化,支持个人电脑、智能终端、资助终端、虚拟桌面等多种接入方式;传输层致力于保证信息流通的及时性、稳定性;应用层和支撑层规定了通用的技术组件和软件系统。

4)资源(resource)

资源包括自然资源、基础设施资源和信息资源。资源的开发和利用是城市信息化建设的基础。自然资源包括土地、能源、水资源等天然存在的资源。与城市信息相关的基础设施资源主要包括网络基础设施、服务终端、防灾减灾设施等城市基础设施和公共服务设施。信息资源是指城市各项活动过程中产生的各种文字、数字、音像、图表、语言等一切信息,既包括人口信息、空间地理信息、宏观信息,也包括通过感知系统采集到的各类信息。

基础设施资源,尤其是网络基础设施,包括各种传感网、有线宽带网和无线网络,是城市信息化建设的物质基础。信息资源的整合和利用是实现城市管理和服务的前提条件。当前城市管理活动中普遍存在资源分散、标准不统一等问题,造成了信息共享和交换困难重重。因此,急需进行有效的数据元管理、制定统一的交换标准和流程优化标准,为城市建设打造良好的信息资源基础。

5)技术(technology)

技术是城市发展的重要驱动力,是资源和应用平台连接的桥梁。城市信息化建设的关键技术主要包括物联网、云计算、移动通信技术、下一代互联网技术等。各种技术和应用的融合,实现了信息的自动采集、传输和处理,是城市信息系统的重要支撑。在城市信息化建设过程中,需要综合考虑城市已有的资源、经济发展情况、成本控制等各项因素,有目的、有针对性地投入新技术的应用。

3. ISGBP 模型

由我国学者李德仁提出的 isgbp 模型由 5 个部分组成,分别是公共基础设施(infrastructure)、服务(service)、政府(government)、企业(business)、公众(public)①。政府、企业、公众是城市的主体,他们三者通过智能服务进行协调形成良好的互动,从而降低行政成本,提高综合效益。ISGBP模型强调智能服务的核心地位,将服务进一步分为:数据服务、功能服务和模型服务,并提出了基于物联网的智能服务的概念。在这个模型中,更加强调政府、企业、公众三者的协作,他们通过基于物联网的智能服务形成良好的互动。

在该模型中公共基础设施(I)是物,政府(G)、企业(B)和公众(P)是人,这四者之间存在多种相互关联的关系,如:G-I关系、B-I关系、P-I关系、G-B关系、G-P关系、B-P关系、B-B关系、P-P关系等,这些关系都是通过智能服务进行关联,每种关系在模型中都表现成一系列具体的服务,而各种具体的服务之间又可能相互组合形成更高层次的服务和更复杂的关系,最终形成一个立体交叉的智能服务体系。

3.4 城市信息化的实施路径模型

1. 战略匹配模型

理论界和实践者已经认识到城市信息化战略匹配的重要性,世界银行指出城市信息化战略必须与其发展战略紧密连接,信息化战略必须按地区的需要和实施能力循序渐进。世界银行另一份信息化发展研究报告中指出"一个成功的国家和区域信息化战略必须适用于一个特定国家和地区的发展水平,信息化战略需与整体发展战略协调匹配。"

在企业信息化战略匹配的众多研究中,IBM公司提出的企业的战略匹配模型(Strategic Alignment Model,简称SAM)最具代表性。其认为信息化战略投入难以体现的首要原因在于组织的运营战略与IT战略缺少匹配。SAM模型为信息化战略和业务战略制定者提供了一个良好的沟通工具,为信息系统战略成功提供了一个良好的框架。战略匹配要求组织目标与信息化目标的一致性,从这个角度来看,城市信息化战略与企业信息化战略不谋而合,即都强调

---

① 李德仁,邵振峰,杨小敏. 从数字城市到智慧城市的理论与实践[J]. 地理空间信息,2011,9(6):1-5.

发展战略和信息化战略与规划的有机结合。

借鉴 SAM 模型的思想,陈志成和白庆华(2011)提出城市信息化战略匹配模型(Urban e-Strategic Alignment Model,简称 UESAM)。UESAM 模型是城市信息化战略规划者进行信息化战略规划的思考架构。该模型由城市竞争力、城市发展战略、城市信息化水平和能力和城市信息化战略四个要素构成。图 3 - 12 是对各要素间相互关系及存在的战略匹配路径进行的分析①。

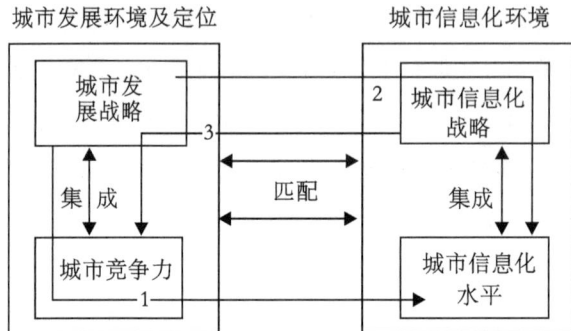

图 3 - 12　城市信息化战略匹配模型

2. EAP 模型

美国政府在定义了 FEA 提价架构的基础上,FEAF 还通过借鉴企业架构规划技术(Enterprise Architecture Planning,简称 EAP)为业务架构模型的建立提供了方法。企业架构规划是指为利用信息支持业务而定义架构的过程,以及用来实现这些架构的规划。EAP 可以看作关于数据、应用和技术的一张高层次(业务和管理视角)蓝图,并借此保证他们之间的协调发展。具体到 FEAF,EAP 为上面的 FEAF 架构模型中的业务架构模型提供了一套实现方法。EAP 强调不同的主体、不同时间、位置、所对应的从战略到实施的矩阵型内容,如图 3 - 13 所示。例如,对于城市总体的规划者可见的战略和实施计划与某项具体应用的实施者(如交通部门)可见的战略和实施计划是显著不同的,总体规划者关注城市整体的战略目标,而交通部门仅关注自身部门的分目标。每个主体对应下图中相应的网格,而把每个主体对应的网格拼起来就可以组成城市信息化建设的整体蓝图。

---

① 陈志成,白庆华.城市信息化战略与城市发展战略匹配性研究[J].同济大学学报社会科学版, 2011,40(4):320 - 324.

©John Zachman	实体 (什么)	活动 (如何)	位置 (何处)	人员 (何人)	时间 (何时)	动机 (为何)	
规划者							范围
拥有者			EAP				业务模型
设计者							系统模型
建造者			如何实施				技术模型
分包者							组件
	数据	功能	网络	组织	计划安排	战略	

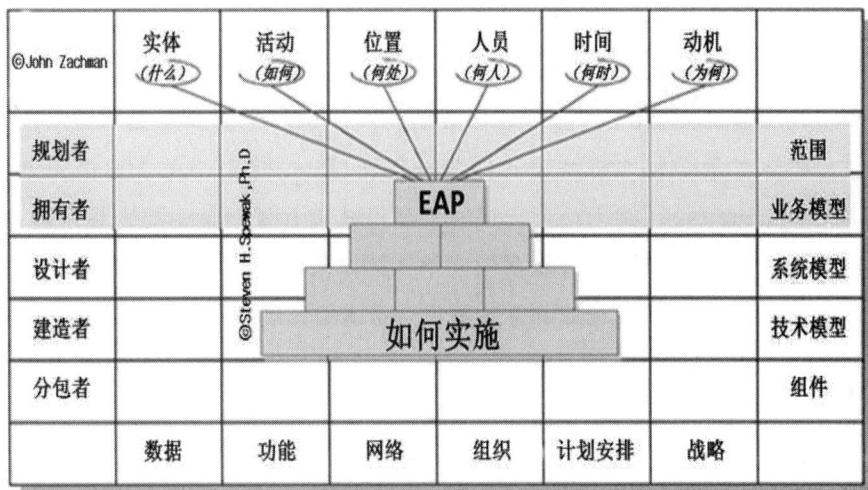

图 3-13 EAP 实施模型的概念图

3. 三维螺旋模型

Loet Leydesdorff 和 Mark Deakin（2011）[①]提出了"大学－企业－政府"智慧城市发展三维螺旋模型。在模型中，城市被看作密集的网络,他至少有三种互相关联的动力:大学智力资本、工业财富创造、民主政府参与。这些构成了城市社会的法则,这种相互作用的结果,可以在动态城市条件下创造空间,在这里,可以进行知识生产。各主体之间的紧密关联,创造出某种动力,使城市能够对地区性创新体系技术进行指导。

三维螺旋模型特别强调大学在城市信息化建设和推进过程中的作用,尤其是在创新领域发挥的作用。一项对蒙特利尔市的实证研究表明,通过主流大学的参与,推动了来自城市政府的强有力的领导支持和政策支持,使其作为城市信息化建设的一部分。与之相比,爱丁堡市的主流大学则参与较少,主要发展信息技术的应用主要来自信息技术的应用。通过对比两个城市信息化的发展,可以看出大学参与较多的蒙特利尔市在专利创新、电子政务等智慧城市领域都要显著地超前。

---

① Loet Leydesdorff，Mark Deakin. The Triple-Helix Model of Smart Cities：A Neo-Evolutionary Perspective[J]. Journal of Urban Technology，2011，18(2):53 - 63.

4. 循环改进模型

循环改进模型认为,城市信息化不是一个城市信息化程度的状态,而是该城市使其自身变得信息化的努力[①]。因此,城市信息化的内涵是城市创新,它是城市在技术、管理和政策方面进行的创新而使城市运作变得更加灵活的过程。也有学者跨学科地将城市看作新陈代谢(UM,即 Urban Metabolism),Nancy Golubiewski(2012)[②]指出这一概念将城市看作一个生物物理系统,将城市的经济、社会方面和生态因素统一纳入该系统,将该系统中物质和能量的流动拟人化,视作由食物输入和废物输出所组成的人的新陈代谢所形成的循环系统的综合性的概念,他认为,智慧城市之所以称之为"智慧",是因为它具有感知能力,这种感知能力使城市能够迅速发现它在社会、环境、技术等方面的薄弱环节,并通过不断改进和提升这些环节来激发城市的发展活力。

---

① Nam T, Pardo T A. Conceptualizing smart city with dimensions of technology, people, and institutions[C]//Proceedings of the 12th annual international digital government research conference: digital government innovation in challenging times. ACM, 2011: 282-291.

② Golubiewski N. Is there a metabolism of an urban ecosystem? An ecological critique[J]. Ambio, 2012, 41(7): 751-764.

4 智慧城市的理论模型构建

4.1 理论模型构建

4.1.1 总体思路

1. 秉承"以人为本"的设计理念

根据前文分析,传统的城市信息化理论模型根据对城市的本体论认知不同,可以分为基于系统理论的城市信息化模型和基于人本理论的城市信息化模型。前者将城市认为是一个复杂系统,或者是系统的系统;而后者则认为城市的主体是人。因此,前者在构建城市信息化模型时,会将城市分为若干个系统,并进一步层层细化,每个系统分为若干个子系统,对每个系统进行设计和优化。而后者则从人的需求出发,考虑城市中的市民、企业、组织等人类的个体或群体对城市提出哪些需求,为了满足这些需求需要建设哪些信息化的应用和系统进行支撑。

目前,城市发展"以人为本"的理念日渐深入人心。美国在城市信息化发展初期,较为强调信息技术在不同系统和领域的应用,但近年来也向注重市民需求的方向转变。而欧洲作为人本思想的发源地,在城市信息化发展的初期就较为强调以人为本的理念,特别是人和城市环境的和谐共处。中国在近年的城市发展中也愈发强调"以人为本"的理念。习近平主席在 2015 年城市工作会议中也强调"坚持以人为本、科学发展、改革创新、依法治市,转变城市发展方式",其中"以人为本"排在城市发展方式的首位。2017 年发布的国家智慧城市标准《智慧城市评价模型及基础评价指标体系 第 1 部分:总体框架(征求意见稿)》

中也将"人本原则"作为该标准制定的首要原则:"智慧城市的评价指标体系应强调以人为本,从城市主体-人的需求和感受出发,评价民生服务的便捷化、公共治理的精准化、生活环境的宜居化和基础设施的智能化水平,从而反映智慧城市的总体目标和方向。"《上海市城市总体规划(2015-2040)纲要概要》中也提到上海市"新一轮城市总体规划要坚持以人为本,坚持可持续发展,坚持一切从实际出发",响应"城市,让生活更美好"的人民呼声。"以人为本"也是上海市当今城市发展的首要原则。

因此,结合城市信息化理论体系的发展和国内外特别是上海市城市发展的理念,上海市信息化发展的模型应当将"以人为本"作为首要的设计理念。城市信息化模型设计的对象主体是城市中的"人",包括个体和组织。从人的角度出发,满足人在城市中的需求,是城市信息化模型设计的基本出发点。

2. 坚持"战略匹配"的设计原则

理论界和实践者已经认识到城市信息化战略匹配的重要性,世界银行指出城市信息化战略必须与其发展战略紧密连接,信息化战略必须按地区的需要和实施能力循序渐进。世界银行另一份信息化发展研究报告中指出"一个成功的国家和区域信息化战略必须适用于一个特定国家和地区的发展水平,信息化战略需与整体发展战略相协调匹配。"

上海市近年来制定了《上海市城市总体规划(2015-2040)纲要概要》,为上海市未来发展制定了战略目标与实施规划。上海市城市信息化发展需要和上海市的发展战略协调匹配,适合上海市当前的发展水平并与未来发展目标一致,才能使投入产出比最大化,获得较好的建设效果。

3. 强调"需求导向"的设计重心

前文所述,上海市城市信息化模型设计需要秉承"以人为本"的理念,而"以人为本"理念的落脚点就是"需求导向",即从人的需求出发,考虑城市如何能更大程度上满足人的需求。近年来,上海市城市信息化理论框架由技术导向逐渐过渡为应用导向,越来越贴近人在城市中的需求,也符合智慧城市发展的大趋势。人是思想和行为都非常复杂的主体,不同的个体、群体,其需求的差异性非常大。因此,智慧城市的设计重心是分析梳理人的需求,从较为抽象的需求总结为实体化和可量化的业务,进而发展多样的应用和支撑体系来实现业务。

4. 应用"动态优化"的设计方法

人的需求是不断变化的。随着经济、科技、文化、教育等各方面发展,人类的认识和需求也随之不断变化。特别处于当今的信息时代,知识日新月异,社会的组织结构也在快速变化。上海市作为追求卓越的全球城市,上海市民面临多样化的价值观冲击,东西方文化的碰撞,知识创新的洗礼,物质和精神层面的需求也不断提高。

城市的发展是不断变化的。上海在过去几十年经历了改革开放和快速的城镇化,城市建设日新月异。目前,上海市仍保持着高度的活力和快速的经济发展,市政建设、信息化建设及政策法规等都不断完善。例如,在"十二五"期间,上海市基本完成了数字化、网络化建设,取得了很好的成绩。然而城市的发展在完善解决一些问题的同时也会涌现出新的问题。例如上海市信息孤岛严重,因此智慧城市的内涵由"数字化、网络化、智能化"演变为"泛在化、融合化、智能化",顺应了城市发展的需要。

科技的进步是不断变化的。在当今知识爆炸的时代,技术的更新非常迅猛,近年来出现的大数据、云计算、移动互联网、物联网、深度学习、人工智能等技术都给城市信息化发展带来了更多可能性。另一方面,科技发展使人的认知体系不断演进。例如,随着科技的发展,人类对环境问题、能源问题、气候变化问题等有了更深入的认知,可持续发展等新的理论体系进一步影响了智慧城市的发展,绿色与可持续发展已经成为智慧城市很重要的一个维度。

因此,城市信息化模型并不是设计一个静态的蓝图,而是需要随着时间不断地动态演进、迭代优化。以发展的眼光看问题,跟进城市的发展、人民的需求、技术的进步,设立更新的机制和优化的算法,才能使城市的信息化模型适用于当前城市的发展。

5. 构建"开放共享"的体系架构

基于云化的集中、开放架构,构建城市统一的数据资源体系,促进整体架构的平台化、服务化、组件化。实现分散到集中、封闭到开放的转变。当今的信息化系统设计越来越多地强调开放和共享,例如即插即用式的插件式软件和服务日益兴起。城市的需求和应用多种多样并且动态变化,封闭式的框架很难满足不断变化的城市需求和应用。因此,城市信息化理论模型设计也借鉴了当今信息化系统设计的思路,构建一个相对开放架构的平台框架。设计一体化的系统接口,多样化的服务、应用、数据以基础设施可以作为组件或模块动态加入或删除。同时不同的组件和模块亦可共享平台资源使系统更加高效化。

4.1.2 理论模型体系架构

上海市城市信息化模型的体系架构沿用了信息系统经典的层次架构模型，基于对城市人本理论的认知，结合了现有城市信息化理论模型与上海市的发展特点进行构建。该体系主要由基础设施架构、数据融合架构、应用服务架构、业务需求架构、标准评价架构、安全风控架构六部分组成，具体结构如图 4 - 1 所示。

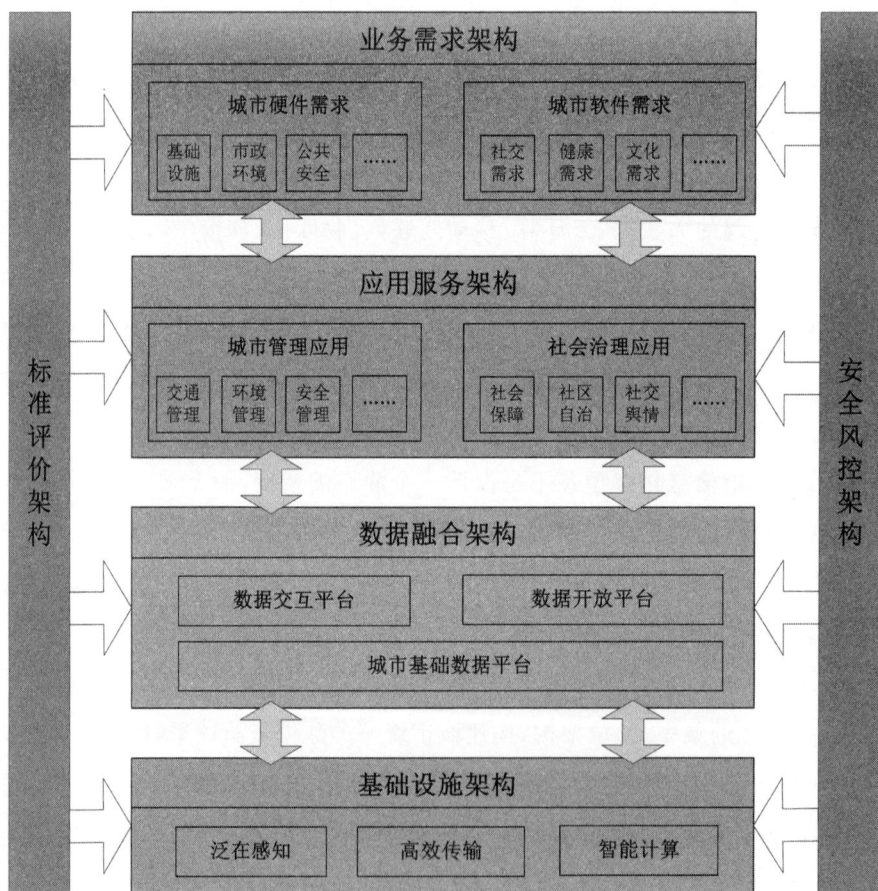

图 4 - 1 上海市信息化建设体系架构

1. 基础设施架构

基础设施架构是城市信息系统运行与发展的基础，通过赋予城市信息系统以泛在感知、高效网络以及智能计算等能力,形成对整个智慧城市运行上层建筑的基础支撑系统。

2. 数据融合架构

数据融合是上海市信息化建设发展的核心,在整个信息化模型的体系构建中起到了承上启下的作用。通过打通数据采集、数据存储、数据交互、数据共享、数据开放等环节,构建数据供应链全环节的协调融合应用体系,保证数据链在城市信息化构建过程中规范、完整、通畅、高效。

3. 应用服务架构

应用服务是城市信息化建设成果的直观展现。基础设施和数据融合两部分主要偏向于后台辅助,而应用服务层则是直接面向用户的前台应用,是人们对城市信息化最直观的感受和体验。基于基础设施和数据融合的支撑,应用服务架构主要围绕城市管理应用和社会治理应用两大类应用展开,服务不同主体对城市各方面的需求,实现信息资源的整合与应用。

4. 业务需求架构

业务需求是城市信息化发展最上层的架构,也是整个城市信息化发展的导向。业务需求架构围绕城市居民对城市硬件与城市软件的两方面需求,深入分析梳理不同主体的多样化需求,并将抽象化的需求转变为城市具象化的业务。进一步将业务按逻辑梳理为业务线,按领域聚类为业务类,并与下层的应用服务层进行对接,从而利用不同类型的应用来处理不同的业务,满足不同主体的需求。

5. 标准评价架构

标准评价架构是城市信息化建设的规范和约束,同时也是信息化考核与对标的参照体系。在参照国家层面标准体系及相关评价指标体系的基础上,应当结合上海市的实际需求和特点,构建总体标准评价架构,通过建设标准与评价体系引导城市向最优化发展方向前进。

6. 安全风控架构

安全风控架构是城市信息化发展的重要部分,同时也是所有城市信息化体系模块正常运行的保障。通过风险识别、风险评估、风险控制等环节对城市信息系统各个层面可能出现的风险与安全问题进行把控。同时,通过信息安全、网络安全、数据隐私等多方面的技术保护,为城市信息化发展营造一个安全可靠的环境,保证城市信息化建设的顺利实施。

4.2 理论模型的模块设计

4.2.1 业务需求架构设计

1. 需求主体

城市信息化建设面向的需求主体主要有个人、企业和政府三类。满足三者的需求并营造和谐的互动关系是城市信息化发展的重要目标。其中政府一方面有自身维护城市正常运行的需求,另一方面也肩负着保障公众个体利益与促进企业发展的职责,需要吸取先进的建设和管理理念,营造现代化的基础设施与环境,同时为公众和企业提供行政管理与服务支持。

2. 需求与业务框架

对应城市的需求主体,城市信息化建设的需求主要围绕针对公众个体的民生需求,针对企业的经济发展需求和针对政府的城市治理需求三大类,如图 4-2

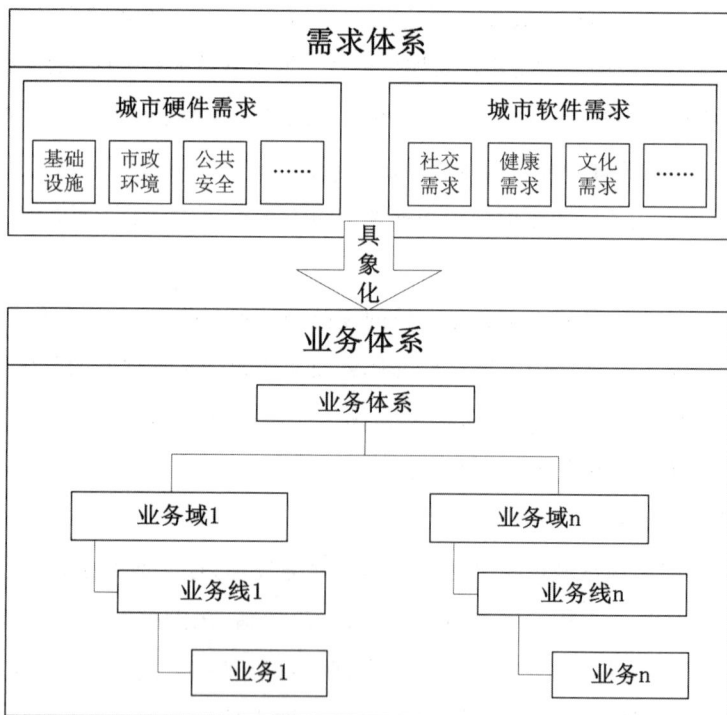

图 4-2 业务需求架构

所示。对于公民个体来说,其主要需求是满足自身的物质和精神追求,包括社会保障、工作机会、医疗教育、文化娱乐等。对于企业来说,其需求主要是满足企业发展的需要,包括有活力的市场,良好的法制环境、合理的税收等。对于政府来说,其主要需求是提升城市运行管理水平,实现城市治理的智能化,提升公众满意度,保持城市经济平稳发展,提供良好的城市运营环境。

从城市各个主体的需求出发,进而将抽象的主体需求具象化,梳理总结为具体的城市业务。并将分散的业务归类为有逻辑架构的业务域、业务线和业务点,对业务进行系统的管理。同时,对业务流程进行系统梳理,对冗余的业务流程进行优化和精简,特别对跨地区、跨部门、跨领域的业务进行资源整合,加强业务流程的协同度。

4.2.2　服务应用架构设计

应用架构的核心是聚焦城市发展的两大方向:城市管理和社会治理(见图4-3)。可运用城市的信息基础设施、数据融合平台汇聚城市治理、经济促进和民生服务的信息资源,促进应用业务的融合贯通。

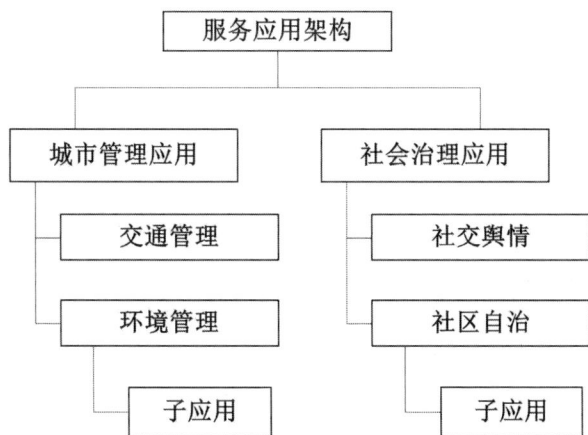

图4-3　服务应用架构

1. 城市管理应用

城市管理应用的建设,推动了管理部门与民众的直接联系,是政府与民众的互动得以重构,社会管理由原来的重管制向重服务转变。将城市管理中原来政府主导的,相对封闭的模式转变为协同治理的开放模式,极大地引发社会的参与热情,提高社会多元化主体协作的紧密程度和有序程度,有效地促使社会各个主体充分发挥其主观能动性,产生协同效应,释放社会活力。

城市治理包含城市运行的方方面面,包括统一城市管理平台、智慧交通、智慧安防、智慧城管、智慧水利、智慧环保、智慧安监等多个领域。以对公众和企业服务为中心,利用信息化手段创造与公众和企业的交互环境,实现多渠道、多手段的政民互动、政企互动。进一步提高城市运行管理水平,实现城市管理的智能化,提升公众满意度。转变政府智能,建设具有前瞻性的政府基础设施,增强部门协作,数据共享和业务协同。整合线上线下政务服务,向民众提供无缝、融合的政务服务体验。同时也整合政府行政审批、行政执法和政府服务平台等公共服务系统,进一步巩固政府网站服务性和综合性地位。

2. 社会治理应用

社会治理应用积极响应国家城市"以人为本"的发展原则,通过信息化技术和应用,提升医疗、教育、社区、社会保障等各种民生领域的服务能力,推动智慧服务向基层、社区、个体的延伸。促进民生服务的协同、优质、高效发展,让公众畅享"普惠、文明、安全、便捷"的信息时代品质生活,不断增强人民群众的幸福感和获得感。

城市信息化建设在民生服务领域的应用首先需要建立统一的公共服务平台,提供一站式、便捷化的综合服务,促进公共服务资源的普惠便捷。包括统一的市民一卡通服务,统一热线/门户服务,政务动态的及时推送服务等。在建立统一的公共服务平台基础上,建立丰富的民生应用,包括智慧医疗、智慧教育、智慧社区、智慧社保等模块。

4.2.3 数据融合架构设计

在实现城市功能的环节中,由不同数据构成的信息发挥了重要的作用。随着城市精细化、智能化城市治理的要求,供决策分析的数据质量不断增长。同时,接受来自不同渠道的数据能力,也要求对数据的准确性、一致性、权威性、及时性和完整性提出了较高要求。智慧城市的数据融合架构促进了数据的生成、交互和融合,是城市信息化建设发展的核心支撑。

数据融合是对不同区域、不同时间、不同管理机构中分散存储和管理的各类信息资源,通过一定的手段使之连成结构化、统一化、系统化的整体数据平台,实现对不同应用的一体化支撑能力(见图4-4)。具体而言就是依托数据共享交互平台,建立统一的数据平台,创新信息采集、存储、交互和分析模式,建立跨部门、跨层级的业务协同,实现信息资源的充分利用和最大增值。数据融合架构的重点主要有以下几点。

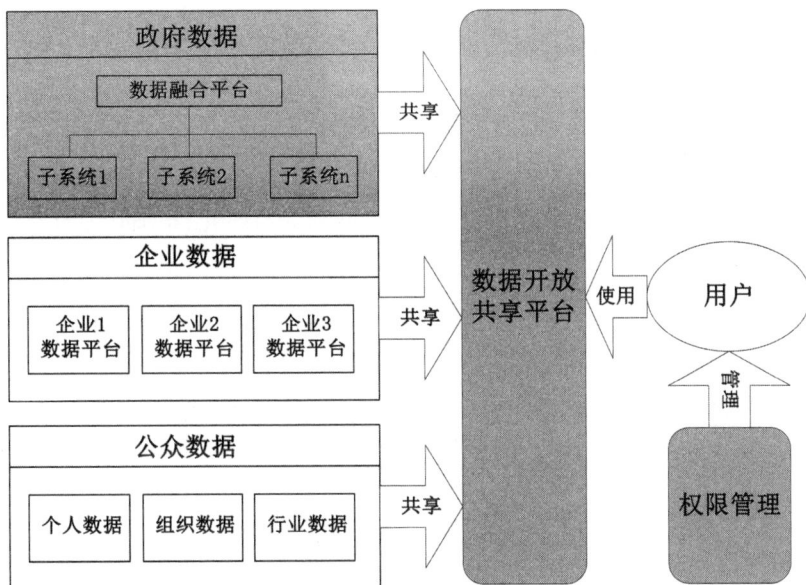

图4-4 上数据融合架构

1. 加强数据统筹,破除政府内部的"信息孤岛"

加强数据统筹,打破原有政府各个部门独自建设运维数据中心/平台的管理模式,把政府各部门条块的各个数据库(数据平台)全部集中统筹,改变目前信息孤岛严重的现象。阻断各个部门系统之间的横向、纵向多头信息交互,转变为与统一信息平台的直接交互。破解业务互联互通困难、部门协同困难、数据交互困难等问题。

2. 建立全社会的数据开放共享体系

打破传统政府-企业-公众之间的数据壁垒,更加注重可共享的数据的落地,创新数据共享新模式,制定统一的数据接口,数据隔离和信息安全保障体系。实现政府、企业、公众可以跨平台、跨系统、跨网络进行数据共享,解决数据无法共享,资源无法协同的困境。

3. 加强集约建设,推进大数据应用

依托政府部门和区域间的协同,建立政府和社会互动的大数据采集行程机制,制定政府数据采集目录,利用多方协同的资源完成大数据的建设和管理。同时应当加强数据中心/平台的集约建设,避免重复投资和重复建设,优化数据结构,减少不必要的数据冗余,使数据内容更加丰富,体量更加庞大,使用更加高效。

4.2.4 基础设施架构设计

城市信息化建设中"智慧"特征的彰显,需要通过布局完善的感知网络对人和物的信息进行全面感知,在通过告诉的信息传输网络,传输到数据处理加工中心,并对感知到的信息进行加工处理和挖掘,从而为科学化、精细化、智能化的城市管理提供数据支撑。因此智慧城市基础设施架构的设计,是一项基础性、关键性、支撑性的工作,也决定了最终智慧城市的建设水平和可以达到的高度。

上海市信息化模型中基础设施架构如图 4-5 所示,主要包括以下内容:

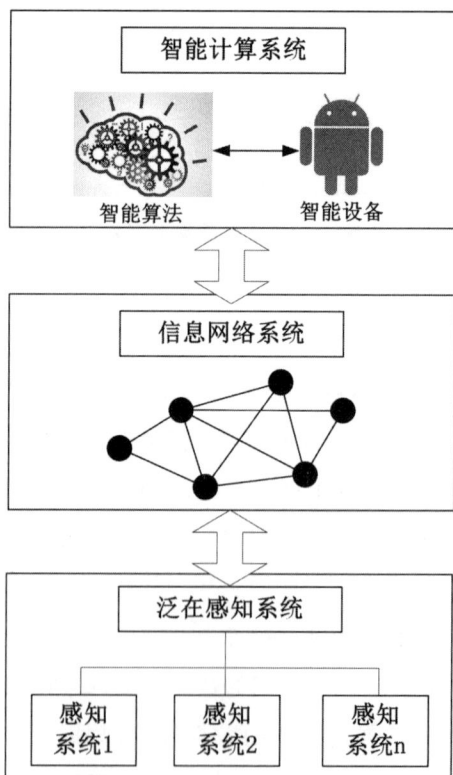

图 4-5 基础设施架构

1. 布设泛在的感知终端

利用各类感知设备和智能化系统,智能识别、立体感知城市环境、状态、活动等信息的全方位变化,有效地促进城市各个关键系统和谐高效运行。例如,建设交通监控、水质监控、人群密度监控等传感节点,对整个城市的基础感知做到泛在、实时采集。

1)对环境的泛在感知

环境:泛在感知系统可以实现对城市环境的整体监控,将空气、水、土壤、垃圾等多种类的环境数据纳入一体式的感知网络,通过感知网建设最大限度将环境变化数据及时有效地反馈至环境管理部门。

市政设施:泛在感知系统可以实现对市政设施的整体监控。市政设施部件众多,感知网能够极高地提高市政设施管理的效率,降低市政设施统计、管理、维护、监控的难度。主要聚焦于目前网格化管理中较为困难的死角,如窨井盖管理、灯杆管理、道路管理、垃圾箱管理等。

交通:泛在感知系统可以实现对交通系统的整体监控。通过视频监控、传感器等网络实时更新城市交通的状态。为市民的交通出行提供多项便民服务,如公交指引、等待时间、自动引导停车、自动泊车系统、交通疏导等。

2)对人的泛在感知

医疗健康:通过可穿戴设备的信息接入、居民日常生活习惯的感知、以及基因筛查等健康感知方式,可以针对每个居民进行较为准确的健康管理和精准医疗。同时,为了缓解就医难和医疗服务难的困境,促使医疗资源和患者之间的平衡,可以利用泛在感知系统聚焦电子医疗档案、自动医疗信息服务、电子挂号、远程医疗、病房监控、医疗环境控制等问题。

2. 建设高效的信息网络

高效的信息网络是城市信息化建设的重要基础,如果缺乏高带宽、广覆盖、高协同的信息网络支持,城市信息化则是空中楼阁。上海市在信息网络的建设上较为先进,通信网络的带宽、接入能力和覆盖范围都达到了比较先进的水平。但是在一些方面仍有进一步提高的空间。

1)宽带基础网络基础设施的绿色集约发展

加大集约力度,实现通信网络基础设施的共建共享,实现配套设施的集约化,提升宽带网络基础设施综合利用水平。加快节能信息技术的应用,逐步建立网络规划、建设、运营、维护全过程的节能机制。加快引入使用的节能技术，优选节能方案，加快高耗能宽带网络设备的升级和节能化改造。特别推进信息中心、基站节能技术和产品的应用、老旧设备退网等，构建绿色宽带网络。

2）建设城市统一的云计算架构

云计算作为一种计算模式，其重要特征就是资源整合，具有提供更强大应用支撑的能力。城市应建设统一的云计算架构，如包括基础设施云、平台云、上层应用云。基础设施云的关键在于虚拟化，虚拟化包括很多层次，如基础设施设备的虚拟化、服务器的虚拟化、储存的虚拟化以及上层应用的虚拟化。平台云强调的是可伸缩扩展性，可以随时扩展、添加各种应用。应用云可以承载各种应用，对应用云来说重要的是可以提供城市所需的各种应用。

3. 提升智能的计算能力

在泛在的感知终端和高效的信息网络支撑下，提升城市智能计算能力。重点关注人工智能、深度学习、数据挖掘等智能化的信息处理技术，跟进世界先进的智能技术和算法，如自动/辅助驾驶技术，智能导航技术，智能优化算法等。

4.2.5 标准评价架构设计

信息化评价标准架构是城市体系架构中重要的支撑环节之一，也是项目流程中重要的后评价环节。其担负着衡量城市信息化建设得失，考评各环节工作质量的重要职责。标准评价体系是城市信息化建设的唯一标准，有较高的指导意义。标准评价架构可以分为两大类，即标准体系和评价体系。前者主要是制定标准规范城市信息化发展建设，后者主要是对城市信息化发展进行评估，同时对发展的目标具有导向作用。标准和评价体系下又细分了不同的类别，类别下有子类别和具体的指标，层层细化（见图 4 - 6）。

自 2009 年"智慧地球"的理念提出后，智慧城市建设开始受到世界各国的广泛关注，很多国家（地区）将智慧城市作为城市发展的重要选择。但是智慧城市仍处于从概念到实际发展的关键阶段，智慧城市的发展路径与模式也处于不断探索的实践中，智慧城市的内涵、建设需求、发展目标、建设成效等方面的认知仍存在较大差异。因此，在开展智慧城市建设的同时，急需构建一套科学合理、方向明确、体系完善、操作性强的智慧城市标准评价体系，为智慧城市建设提供有力的参考。我国近年来提出了智慧城市标准及评价体系的建设规划，整

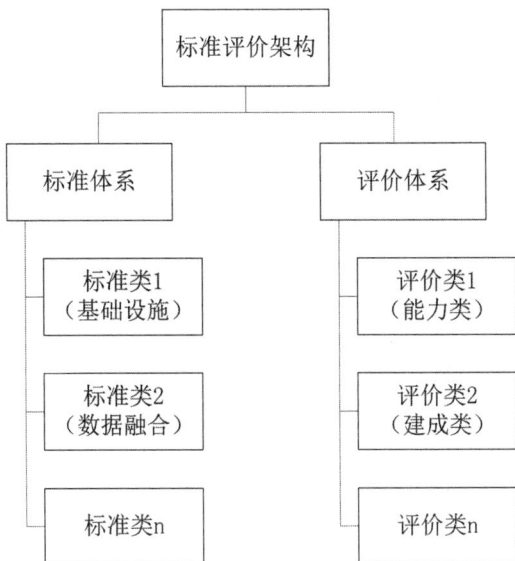

图 4-6 标准评价架构

体还在设计过程中,尚未系统成型。

1. 我国智慧城市的标准及评价指标体系

标准体系:我国在国家层面非常重视智慧城市的标准体系构建。2014 年,国家发改委下发了《关于促进智慧城市健康发展的指导意见》,在国家层面提出智慧城市评价指标体系总体框架及分项评价指标制定总体要求。2015 年,国家标准委、中央网信办、国家发改委联合发布了《关于开展智慧城市标准体系和评价指标体系建设及应用实施的指导意见》,提出了智慧城市标准体系的架构。我国的智慧城市标准体系包括:①总体;②支撑技术与平台;③基础设施;④建设与宜居;⑤管理与服务;⑥产业与经济;⑦安全与保障,共七部分,其中每部分又有进一步的细分标准。指导意见计划到 2017 年完成 20 项急需的智慧城市标准制订工作,到 2020 年累计共完成 50 项左右的智慧城市领域标准制订工作,同步推进现有智慧城市相关技术和应用标准的制修订工作。大力开展智慧城市标准化宣传、培训工作,推动智慧城市标准应用及试点示范。

评价体系:《关于开展智慧城市标准体系和评价指标体系建设及应用实施的指导意见》同时将《智慧城市评价指标体系总体框架(试行稿)》作为附件发布,提出了我国智慧城市评价指标体系的总体框架(见图 4-7)。智慧城市评价指标体系包括两大类,一类为能力指标,一类为成效指标。其中,能力指标包括信息资源、网络安全、创新能力、机制保障四类一级指标,成效类指标包括基础设施、公共服务、社会管理、生态宜居以及产业体系五大类一级指标。每个一级指标又包含若干二级指标。指导意见中对指标体系的工作进度安排为2015起至2016年同步开展整体指标及成熟领域分项试评价,2018年初步建立我国智慧城市整体评价指标体系,到2020年实现智慧城市评价指标体系的全面实施和应用。

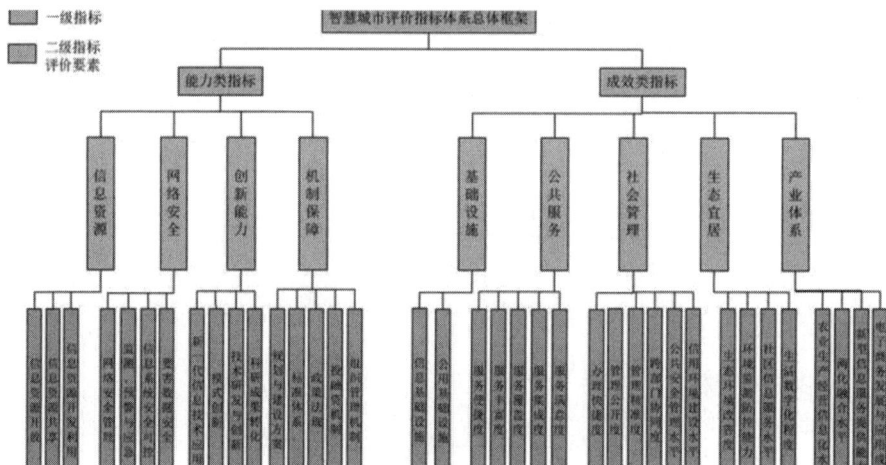

图4-7 国家智慧城市评价指标体系总体框架

2. 上海市智慧城市的标准及评价指标体系

虽然我国在近几年内将要建设完成国家层面的智慧城市标准和评价指标体系,但是上海市作为智慧城市建设水平领先、经济较为发达的超大型城市,对于智慧城市有自身的特殊要求。因此,在国家智慧城市标准及评价指标体系的基础上,上海市应建立适应自身特点的标准和评价体系。

标准体系:基于国家层面的智慧城市标准体系框架,推进上海市智慧城市标准的编制工作,重点制定智慧城市理论模型、评价指标、顶层设计、数据融合、城市公共信息与服务支撑平台、网络安全等基础性、关键性标准。进一步征集地方、产业的智慧城市标准化需求,深入分析智慧城市相关现有技术标准和应用标准,优先支持急需的智慧城市基础性、共性标准立项和研制。同时,收集标准示范应用过程中出现的问题、难题和新需求,促进标准制定与实际应用结合,不断完善智慧城市标准体系框架,尽快建立健全上海市智慧城市标准体系。

评价体系:基于国家发布的《智慧城市评价指标体系总体框架》及《智慧城市评价指标体系分项评价指标制定的总体要求》,开展上海市各领域分项评价指标的研制工作,将评价体系较为成熟的部门和领域的评价指标率先发布,并逐年扩展其他领域的分项评价指标研制工作,形成具有上海特色的智慧城市评价指标体系。

4.2.6 安全风控架构设计

安全与风险管控是城市信息化体系架构必不可少的一部分。伴随城市信息化建设,无线互联和便携式存储设备所涉及的领域不断扩大,城市逐渐对信息形成了较强的依赖。信息通信技术的广泛应用使信息安全威胁相生相伴,深入至城市的每一个角落,城市实体性基础设施直接或间接受到破坏,个人信息与隐私的安全威胁倍增,信息安全威胁产生的连锁反应令人防不胜防。城市信息化的规划、建设、运营,每一个阶段都面临信息安全威胁和信息安全管理的问题。

信息安全不仅是一个技术问题,更是一个管理问题。城市信息系统是松散耦合的多机构、多层次、多模块的,与传统单一机构建设的信息系统有明显区别,例如城市的信息权属模糊、系统边界不确定、管理脱节等。而城市的风险和安全管理面临着网络快速扩张、信息快速扩张、业务快速扩张等环境,都给城市的风险和安全管理带来了巨大的挑战。

城市的风险与安全管理应首先应建立健全相关的法律法规,使风险与安全管理有良好和规范的法制环境。其次,应当建立科学系统的风险评估系统,针对城市由于信息化建设和数据业务融合等可能出现的新的风险进行科学系统的评估,使风险管理标准化。第三,建设风险管理平台,对城市的风险进行统一管理,特别利用信息化、智能化等手段,使平台可以高效准确地进行风险识别、风险评估和风险处置等工作。

5　国际智慧城市的建设经验

5.1　新加坡智慧国家建设经验

新加坡是一个城市国家,全国由新加坡岛及附近 63 个小岛组成,面积 710 平方公里,不足上海市浦东新区面积(1210 平方公里)的 60%。根据 2015 年的数据,新加坡人口密度是 7 697 人/平方公里,是上海市人口密度(3 800 人/平方公里)的 2 倍多。作为面积狭小、自然资源匮乏的城市国家,面对城市化和市场化进程中的各种问题,新加坡通过采用高科技产品来建立一个"智慧国家"。2002 年,新加坡获颁世界传讯协会首次颁发的"智慧城市"的荣称。目前"电子政府""智慧城市"已经成为新加坡的治国精髓并世界知名。

5.1.1　新加坡城市管理信息化的历程

新加坡城市管理的信息化是随着新加坡国家产业发展、特别是新加坡信息产业的发展密切相关的。从 20 世纪 80 年代新加坡战略转型开始,新加坡开启了信息化时代,先后通过"国家电脑化计划""国家 IT 计划""智慧国 2015 国"等项目计划,将新加坡的智慧化管理水平得到一步步提升。因此,从信息技术在社会经济发展中的应用可以看到新加坡城市管理信息化过程中的规律和经验。从时间维度上看,新加坡的城市信息化历程先后经历了 5 个主要的阶段(见图 5-1)。

1. 第一阶段:1980—1990 年国家电脑化

从 1980 年到 1990 年,新加坡政府提出了"国家电脑化计划"并成立了国家计算机化委员会和国家电脑局来推动电脑在新加坡的政府、商业和企业中的应

2016年-2025年
智慧国家2025计划
* 面向公众的有效
共享机制
* 基于数据分析提
供主动服务

2006年-2015年
智慧国2015计划
* 安全/高速/可扩
展的全国通讯基础
设施
* 数据保护/管理
与分享

2001年-2005年
信息通讯21世纪计划
* 推进信息/通讯科
技的应用、改变传
统经济模式

1991年-2000年
国家科技计划
* 消除"信息孤岛"

1980年-1990年
国家电脑化计划
* 政府/企业/商业推
广电脑化应用

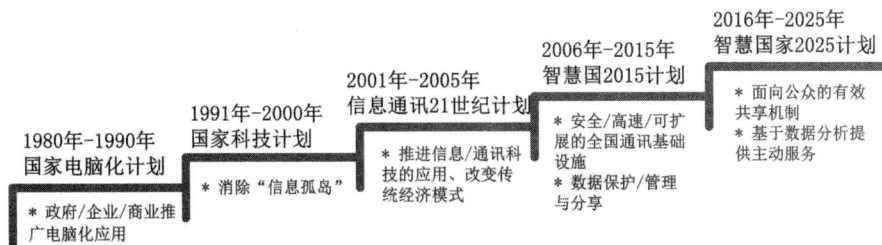

图 5-1 新加坡城市信息化建设的不同阶段

用,从而提高政府和企业的办公自动化水平。在前五年通过"国家计算机化",新加坡政府机构和企业的电脑得到了广泛应用,后五年则通过"国家 IT 计划"来推动各个电脑系统的数据沟通。所以,在第二个五年中,新加坡政府建立了23 个政府主要部门的计算机网络来实现数据的共享,电子数据交换技术(EDI)在经济贸易网络、法律网络以及医疗网络等应用,以及政府与企业之间等不同的场景中得到了全面的应用。因此,这一时期新加坡社会实现了电脑化进程,政府、社会和企业都通过电脑进行业务操作,并在很多应用场景中信息实现了数据的互通共享。

2. 第二阶段:1990—2000 年数据共享化

为了进一步推动"信息孤岛"的信息共享,新加坡制定了信息产业的第二个十年计划,即"国家科技计划",试图彻底解决城市信息互联互通与数据共享的问题,彻底消除信息孤岛现象。这个过程中,新加坡政府 1992 年在民生领域提出了"智慧岛计划",使得公民在任何时间和地点都可以有机会获得 IT 服务,在10 年内将新加坡建成智慧岛和全球性的 IT 中心。1998 年实现了覆盖全国的高速宽带多媒体网络(Singapore ONE),从而使得政府、企业和公众能全天候和全方位地获得网络服务,新加坡全面完成了数据的互通互联。

3. 第三阶段:2000—2005 年信息与应用整合

为了推动推动信息、科技与通信在新加坡经济中的成长,每一个行业都有能力采用数字化技术应用和电子商务来改变传统的经济模式,从而实现传统行业知识化的转化,新加坡在 2000 年后开始提出"信息与应用整合平台-ICT 使用计划"(ICT,Information Communication Technology)。实践证明,新加坡的这项计划实现了信息化对经济领域、现代服务业、资讯社会的重要推动力。此后,新加坡信息化进程不断加快,信息化对于新加坡城市发展的带动力越来越快。

4.第四阶段:2006—2015年移动互联网与大数据的应用

2006年之后,新加坡政府开始启动了"智慧国2015(iN2015)"计划,来实现信息与通信产业(ICT,Information and Communication Technology)的发展,进而应用ICT技术提高关键领域的竞争力,将新加坡建设成为一个以ICT驱动的智能化国度和全球化都市。在推行智慧国计划过程中,新加坡的智能化建设取得了有目共睹的成绩。例如,2014年,新加坡已经是电子政务世界排名第一的国家(埃森哲咨询公司)、"最佳互联国家"(世界经济论坛),在信息产业产值、从业人员、电子政府、信息基础设施等各个领域全面完成了规划目标。

新加坡进行的智慧城市建设过程中,正在按照创新、整合和国际化的原则推动,其规划的目标在于:创造新型商业模式和解决方案上的创新能力,核心在于提升跨地区和跨行业的资源整合能力。该计划通过利用信息与网络科技提升七大经济领域,即:①数码媒体与娱乐;②教育与学习;③金融服务;④电子政府;⑤保健与生物医药科学;⑤制造与后勤;⑦旅游与零售。

实现该阶段目标的核心驱动力就是移动互联网与大数据,因此从实现路径上看,可以分为三个步骤,即连接(connect)、收集(collect)和理解(comprehend),即3C。"连接"的目标是提供一个安全、高速、经济且具有扩展性的全国通信基础设施;"收集"则是指通过遍布全国的传感器网络获取更理想的实时数据,并对重要的传感器数据进行匿名化保护、管理以及适当进行分享;"理解"的含义是,通过收集来的数据,尤其是实时数据,建立面向公众的有效共享机制,通过对数据库进行分析,以更好地预测民众的需求、提供更好的服务①。

5.第五阶段:2015—2025年数据理解与分析

"智慧国2015"计划已经达到全部设计目标,而作为升级版的"智慧国家2025"的智能城市计划也于2014年提上了日程。新的城市信息化旨在通过十年的建设,在目前已经实现了的数据"连接"、数据"收集"的基础上,实现数据的"理解",从而建成覆盖全岛的数据收集、连接和分析基础设施和操作系统,以便为社会提供更完善、更智慧的公共服务。因此,根据此项计划新加坡有望成为

---

① 杨剑勇,新加坡打造世界首个"智慧国"[EB/OL].http://www.sohu.com/a/44083518_220528,2015-11-25.

世界第一个智慧国家。

5.1.2　新加坡现阶段的城市管理信息化

新加坡在城市管理信息化方面推行起步较早,采用世界通用的顶层规划模式,在策略定位、整体规划和具体的计划落实方面都做了全盘的统筹计划。1990 年以前,新加坡就锐意发展城市相关的资讯和通信及系统,为城市信息化的发展提供了高质量的基础。新加坡 2005 年制定了"智慧国 iN2015"策略,为新加坡智慧城市的发展目标设定了发展蓝图和路径。从特征上看,新加坡城市信息化新阶段即"智慧城市"发展中体现出如下几个特征。

创新:培训通信和信息技术人才,提升相关的基础设施,推动在社会发展与经济发展的不同领域的运作模式、管理方式、服务与产品类型等的持续创新。

整合:通过资讯与通信科技,将个人、群体、机构、产业和地域更加有效地进行连接,突破地理界线,将城市各种资源与技术的效能发挥到最佳。

国际化:新加坡作为小型城市国家的客观定位,将本地经济融入全球经济是形势所迫。因此,发挥资讯和通信科技的优势,将新加坡与世界的资源更好地互联,交换产品、服务、人才与管理经验。

在具体的行为模式上,新加坡设定了几个具体的行为模式,包括:推动政府、社会与关键经济产业的转型与创新;建立快速、全面覆盖和稳定可靠的资讯与通信基础设施;发展全球竞争力的资讯与通信产业;培训对资讯与通信科技相关的劳动力。

按照新加坡"智慧国家 2025"的十年规划,新加坡将着力加强在信息的有效整合以及在此基础上的执行,使政府的政策更具备前瞻性(见图 5-2)。目前,新加坡在不同的领域均具有很多智慧城市成功的实践,在智慧交通、教育、公共安全等等领域均具有深入的实践。为了对这些数据进行分析,新加坡资讯通信发展管理局将在近期内设立一个大型数据融合与分析中央系统,负责研究解读公共数据,帮助政府机构利用分析结果制定政策和改善服务。

1. 通信基础设施

在智慧城市运行过程中,个人和企业对网络带宽、私密性、安全可靠性、价格以及可移动性等都具有要求。为此,新加坡政府在智慧城市建设过程中投入了巨资进行相应的建设,实现快速的信息收集和传输、高覆盖率、高智能化水平

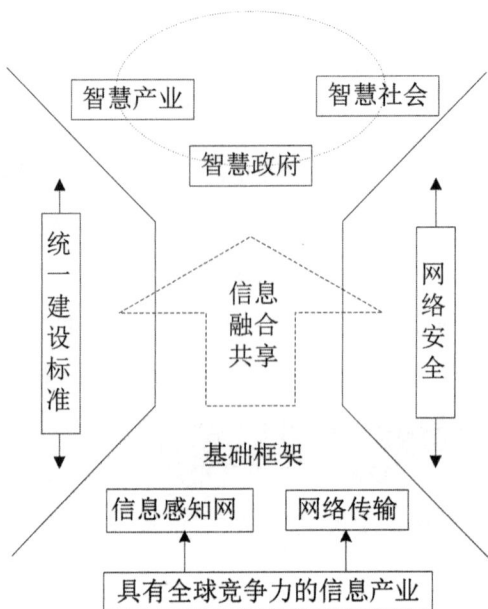

图 5 - 2　新加坡智慧城市建设框架

以及高安全性。

1)传感设备

依靠现有的连接基础设施,即全国宽带网络(NBN)和 Wireless@SG 无线网络外,将会通过渐进式部署地面(AG)设施和异构网(HetNet)技术来扩大连接性。比如在新加坡有近 10 万盏街灯,几千个公交车站,新加坡政府正在使用这个分布广泛的基础设施来构建涵盖全国的传感器网络,采集音量、气温、湿度、降雨量、视频监控等各类数据。这些数据与覆盖新加坡各角落的其他传感器网络,如组屋内电梯、地铁站或路口等监控数据等,融合数据成为全国一套综合数据源。

2)网络传输

目前已有 90%的家庭在使用网络,85%的市民持有智能手机。早在 2011年,新加坡三家运营商就获准在现有的 2G 频谱上部署 4G 的网络,截止到目前新加坡的第一通信和新加坡电信两家电信公司共实现了新加坡全境 95%以上的 4G 覆盖率。除了宽带和手机网络,新加坡在 2006 年还推出 Wireless@SG。目前在新加坡全境的 1 196 处市区购物带、巴士站、楼宇大堂和景点等地铺设了 7 500 多个热点,每平方公里 10 个热点,已经拥有 226 万的用户,接近新加坡人口的一半,平均每个用户的每月使用时间平均是 31 小时①。

新加坡政府的目标是在全国范围内铺设下一代全国宽带网络(NBN),最高连接速度可达 1Gbps,这个覆盖全国的超高速光纤到户(FTTH)网络,将家居、学校、医院和企业进行有效连接,不同服务提供者通过此网络进行服务。

3)网络安全

网络安全是智慧城市建设的特别关注的重点领域,保障电子信息交换、资产管理和财务信息安全。因此,在这个方面新加坡采用了一些现代信息技术:①发展下一代电子交易模式,建立全国性的电子流通交易基础设施,推动新电子交易方案(Near Filed Communication,NFC),整合电子付款、商户积分管理与购物信息,并将其集成在全国统一的电子支付平台中。②建立财务信息交换系统(Corporate Financial Information Exchange):按照全球企业财务系统的报告标准语言,统筹对企业报告的管理,同时以电子方式传输财务信息并简化报告的程序。③通过发展电子保险统一交易平台,来整合交易链的所有参与者,在 B2B 和 B2C 电子交易模式上采用统一的标准与平台。而在资产管理领域也统一信息的发放标准,为客户提供无纸化、360 度的保险服务。

2. 全球竞争力的信息产业

具有全球竞争力的信息与通信产业能够推动智慧城市的长期、可持续发展,并吸引全球人才和企业在新加坡的发展。为此,新加坡政府为推动发展全球竞争力的信息产业提供了两套方案。

1)信息产业能力

协助新加坡本地企业发展,成立国际专家网络和本地专家顾问团队培育本地企业项目并给予指导。同时,成立产业经验分享平台(Industry Experience Sharing Platform)让企业相互学习与合作。为了塑造新加坡品牌,建立本地信息与通信产业的认证系统(Endorsement Mark),促进本地和国际信息产业企业的推广。

2)信息产业国际化

利用新加坡电子政府的公认品牌,设立电子政府领袖中心(e -

---

① 杨雨,探访智慧新加坡之一:智访新加坡 读懂 IDA,http://www.ccidnet.com/2013/0709/5055369.shtml。

Government Leadership Center)协助企业出口电子政府设计方案：为外国政府提供培训；将政府持有的电子政府支持与产权有条件地授权使用；将电子政府方案商品化在国际市场销售。

通过新加坡信息功勋发展管理局，发展本地企业与跨国企业的联系，从而吸引技术创业人员与创业企业在新加坡开展业务或成立发展与工程中心，从而促进技术多元化和创新。

3. 政府、社会与产业智慧化

新加坡是一个因港口而兴的城市国家，它的经济与社会发展具有明确的自身特征。在智慧城市的建设过程中，新加坡注重采用最新信息与通信技术来推动产业的转型与创新。如下领域的创新具有鲜明特征。

1）产业发展

（1）生产与流通。

以信息化为依托，将新加坡建设成为高增值的制造业枢纽和运输链枢纽，提供具有世界竞争力的企业群体和流通实体。新加坡政府在通过智慧技术推动企业发展时，主要采用为企业提供统一的技术研发、项目管理和信息交流平台等政府平台建设的形式进行的。

在制造领域，推行数码制造（Digital Manufacturing）来提升制造业的附加值，与此同时协助企业产品生命周期管理，为企业提供产品开发的模拟运行软件系统和支持系统，从而提升企业的研发设计能力。

针对中下企业在生产与运营管理中存在的问题，新加坡政府推出 iSprint（Increase SME productivity with Infocomm Adoption & Transformation）和 SaaS（Software as a Service）等方案，通过政府力量为中小企业发展提供强大支撑。

新加坡是一个以港兴城的城市，航运和物流是新加坡的立国之本。在智慧城市建设中，新加坡采用 e-Freight@singapore 系统，加强货运物流的信息流通，提升作业效率。而在港口和码头，新加坡政府采用无线射频技术（IFID）对运行系统进行监控，并为飞机和轮船等提供导航服务。

在零售领域，采用电子供应链系统（e-SCM）为基础，采用协同规划/预测/补货系统（Collaborative Planning Forecasting and Replenishment）提升库存管理精准化水平，并用 RFID 技术实现货品流向的监控。

(2)智慧旅游。

长久以来新加坡都是著名的旅游目的地,旅游相关产业是新加坡经济发展的一张名片。通过将旅游与零售集成的平台,为旅客提供量身定做的服务。通过对旅客资料的收集和分析,例如旅客在旅游、购物、餐饮与住宿等方面的喜好,从而提供相应的服务。针对商务旅客与专业会议、奖励旅游、会议与展览活动,为这些旅客提供一站式服务。

(3)智慧医疗。

为满足老龄化以及旅游医疗的需要,新加坡提供更加人性化的医疗服务并推动医疗体系发展,新加坡智慧医疗通过多种方法展开。

健康信息交换系统(Health Information Exchange)。推动医疗服务提供机构分享服务对象的健康数据,建立相应的信息共享与交互平台将不同数据库进行连接和整合。因此,能够推动医疗服务提供者对病患状况作出全面的预估,同时为市民提供全面的医疗记录和保健计划。为了获取更多的健康数据,新加坡保健促进局研发的新应用让用户在拍下食物照片后,可快速查询照片中食物的营养成分,这些数据积累了大量居民饮食营养状况。

整合化的连续医疗体系(Integrated Healthcare Continuum),把基层医疗、医院治疗和社区护理等服务系统流程进行优化,提升家庭医生和社区护理中心的设备,为病患提供连贯的医疗服务。目前,新加坡通过全国电子健康病历系统,基本实现了医疗病例的数字化和共享平台的建立,医生通过身份证号码就可以跨部门获得医疗记录和最近的体检结果,从而为快速诊断提供了可能。

同时,打通医疗研究与临床应用的壁垒,通过将两者相互配合:提供临床数据来支持研究进行,并将研究结论应用到实际的医疗服务中。

远程护理(Tele-health),通过远程监控与信息传输设备,为慢性/非传染性等类型的病患在家中提供医疗服务,通过远程监控和持续观察他们的健康状况,来适时做出评估并进行相应医疗服务。例如,新加坡国立大学研发的Home-rehab的家居康复系统正在推广中,患者只需购置可穿戴感应设备,在医生远程指导下进行远程康复训练。

2)智慧政府

为了推动智慧政府建设,提供全方位、及时有效的政府服务,新加坡政府通过规范化统一化的电子公共服务的标准为市民提供服务。主要的措施是：

（1）电子政务。

建立电子公共服务与跨部门的一站式平台 eCitizen，通过居民与企业拥有的唯一 Singpass 电子证书与电子信箱对其需要办理的事项进行申请，并为每个模块提供申请的学习模块，为市民提供一站式的公共服务。为移动终端设计了 mGov@SG 的服务，为移动端持有者提供超过 100 种以上的政府与非政府公共服务。2000 年，新加坡政府推行"第 1 次行动计划"，其主要目标是为国民提供 24 小时全天候的电子政务服务与基础设施；为商家提供 24 小时全天候的电子政务服务；为公共服务人员提供电子政务服务相关的培训①。

在这个过程中，提高政府电子服务界面的实用性，使之成为市民获取公共信息的优先来源并通过电子渠道快速收集市民的反馈与意见。例如，市民如果需要查询信息，可以在国家图书馆的网站上，直接通过政府提供的账号登录，进行信息的查询、复制或下载②。高效的政务服务为其他产业的升级提供了良好的易商环境，降低了企业的内部成本和外部成本，新加坡易商环境排名全球第一，也带来 93% 的居民满意率。

（2）政府信息共享。

不断提升政府管理系统，加强数据共享与业务集成，提供一站式快速服务。新加坡政府通过数据收集和开放，鼓励企业和社会通过创新性地使用这些数据，以创造商业利润和公共价值。例如，新加坡统计局建立了一站式的开放数据平台（网址 http://data.gov.sg/），提供大量可机读的政府数据，以便各部门使用和社会分享。

（3）政府信息整合。

"整合"作为"智慧国 2015"的原则之一，早在 2006 年新加坡政府就提出了电子政府发展理念"整合政府 2010"计划，将电子政府（e-Government）转变为整合政府（i-Government），政府已经超出了智慧政府技术实现层面，而是强调以居民服务为中心、强化政府快速响应居民需求的综合服务能力，例如 2008 年新加坡推出"So Easy 项目"，其目的是建立一个横跨政府部门的集成式语音、

---

① 山东省商务厅，新加坡信息化：打造"智慧国"，http://www.shandongbusiness.gov.cn/public/html/news/200902/61034.html.

② 新华网，新加坡推出"智慧国家 2025"计划，http://www.yn.xinhua.org/asean/2014-08/19/c_133568408.htm.

图像、视频和数据办公环境,通过即时通信、桌面视频会议和留言板等工具,在机构内部和各机构之间实现安全无缝的协作。

(4)政府管理流程优化。

新加坡电子政务推动服务政府、高效政府的构建,提高了新加坡的行政效率。例如新加坡便捷式外贸申报系统的建立,使办理货物通关手续的时间从原来的7天减少到不足一分钟,此举每年可为新加坡政府节约10亿美元,为企业节约不可估量的时间成本和交易成本,让企业大幅提高赚钱速度[①]。而新加坡关税局推行的"零消费税货仓计划",进口商只要具有良好的库存管理系统,就可申请豁免"即刻为进口货物交缴消费税"。同时,建筑行业是一个高成本行业,资金实效性强,如果审批流程过长企业会因此付出不菲的成本,但是著名的新加坡金沙是一个10亿新币投资的建筑群,新加坡通过合理的建筑商业流程和协同的政府机构办公,则可以在26天内办完所有手续,非常快速。

3)智慧社会

将现代信息技术应用于社会发展能够提升居民的生活品质,提供高效舒适的居住环境,因此新加坡在不同的社会领域提供便利化服务。

(1)智慧交通。

新加坡作为世界上最发达的国家之一,同时又是世界经济、贸易中心,目前日出行人数已超过1100万。但是,作为全球人口最密集的城市之一,新加坡却有效解决了交通拥堵问题。新加坡智能交通体系常善于利用大数据技术,是以交通信息为核心,连接公交系统、出租车系统、城市轨道交通系统、城市高速路监控信息系统、道路信息管理系统、体温红外线监测与的士排队等候、电子收费系统、交通信号灯系统、道路交通通信指挥系统、智能地图系统、停车指引系统及动态路线导航、车辆GPS定位系统的综合集成系统。智能交通管理系统使得道路使用者和交通系统之间能够紧密、实时和稳定地相互传递信息,从而实现智能化管理。为出行者和道路使用者提供及时准确的交通信息,使其能够对交通线路、交通方式和出行时间作出充分、及时的判断。

拥堵收费系统ERP:新加坡,平均每人拥有1.6辆机动车,给城市交通造成了极大的压力。由于交通拥堵导致效率降低、环境破坏和财产损失等,每年因此造成的损失占GDP的1.5%到4%。1998年开始,新加坡陆路交通管理局着

---

① 郑璇.我国政府行政成本过度增长的原因及对策[D].南京:南京师范大学,2014.

手建造电子道路收费系统(Electric Road Pricing),通过对道路交通数据的收集和测算来界定拥堵路段,汽车在交通拥堵路段通行时要进行收费。这一做法在世界上还是首创,并取得了很好的成效。据新加坡陆路交通管理局报告称,道路通行量相比交通高峰时期减少了25000辆汽车,车流量却提高了20%[①]。

为了缓解中央商务区的拥堵,新加坡推行电子道路收费(ERP)系统(见图5-3),在核心区域设置不同价格的收费路段和时段。在其推行的早期主要靠人工来收费,经常出现几个人拼车以规避收费的案例,但该政策仍然执行得非常好。现在则是通过"电子眼"和汽车上的行车记录仪,由此产生有关汽车移动的海量数据。未来,政府计划利用全球定位系统(GPS)来对汽车进行定位和收费,将更加准确地记录汽车的行走路线和距离,从而为更有效地管理机动车提供基础。

图5-3 新加坡道路拥堵电子收费系统[②]

路况预测系统:仅仅通过EPS来构建智能交通系统还是不够的,新加坡陆路交通管理局还将城市路网信息连接成网络,安装传感器、红外线设备,通过优化交通信号系统、电子扫描系统、城市快速路监控信息系统、接合式电子眼以及ERP系统等提供历史交通数据和实时交通信息,对预先设定的时段(10分钟、

①　陈劲.智慧花园城市——新加坡[J].信息化建设,2010(3):12-13.
②　图片来源:广东联合电子服务股份有限公司,新加坡电子道路付费系统(ERP)。

15 分钟、30 分钟、45 分钟和 60 分钟)的交通流量进行预测。通过控制 1700 个交通信号灯,对未来一小时内各个路段情况的平均预测准确率达到惊人的 85%以上,10 分钟内的预测结果准确率更是高达 90%[①]。

路交局还推出 MyTransport 手机应用程序,将所有交通信息"一网打尽",为乘客和驾车者提供实时路线规划服务,方便他们提前规划线路并规避拥堵。目前,该服务已经可以结合使用者的地理位置和实时交通状况,为其规划最合理的交通路线。新加坡市民可以通过手机网络、车载 GPS 查询未来一小时内的交通情况,并选择合适的出行时间和路线[②]。政府的新 MyTransport.SG App 提供互动地图,交通摄像头和实时信息。它是第一个公民或访客可以实时评估旅行选择方式,并就如何最好地漫游城市而能做出有足够信息支撑选择的应用。火车乘客甚至可以享受非高峰旅游激励,各种奖励直接转入 EZ-Link 或 NETS 智能交通卡。

智能停车系统:美国有研究显示,高峰时段的道路上,可能有高达 30%的车辆其实是在兜圈子寻找停车位的。新加坡地狭人稠,高效利用相对有限的空间资源,成为建设智慧城市的第一诉求。早在 2008 年,新加坡的运输部门就已经在城市中心区域——例如乌节路两旁设置了大型电子显示屏,列出附近的停车场位置及实时可供停车数目,以方便车主预先安排行程,决定停车地点[③](见图 5-4)。而在新加坡,实时的停车场数据,是可以通过手机 App 查询的,非常方便实用——在实现数字化城市的基础上,我们要把真正的痛点信息推送到需要的人面前。这对于已成为"堵城"的中国大城市来说,是一个非常值得借鉴的案例。

智能高速公路维护:驾车人只需要在开车时将手机应用程序打开,不需要再做任何事,就可以通过手机自带的重力仪,将路面坑洼情况实时反馈到指挥中心,帮助其准确定位路坑,以尽快出动工作人员填补和维修。诸如此类的开发创新,能够更有效地采集和利用大数据。

---

① 东方财富网.新加坡:智慧型城市岛国[EB/OL].http://www.kaixian.tv/gd/2016/0105/592403.html.

② 中国产业信息网.2015 年新加坡智慧城市总体发展概况分析及市场展望[EB/OL].http://www.chyxx.com/industry/201510/351352.html.

③ 国家互联网信息办公室.智慧城市建设不能只是听上去很美[EB/OL].http://www.cac.gov.cn/2015-08/17/c_1116276672.htm.

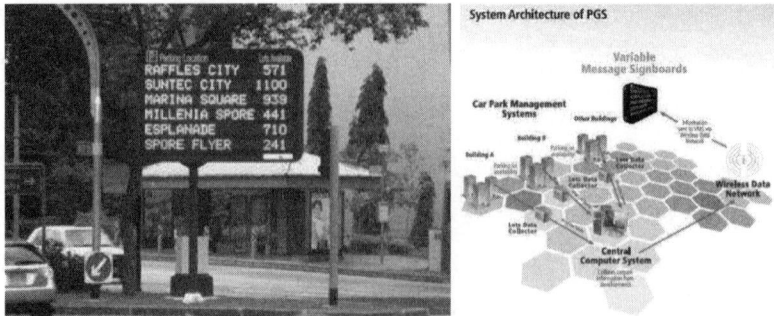

图 5 - 4　智慧停车系统①

智慧巴士：新加坡采用的易捷通卡（EZ-Link）使大数据利用成为可能，并推动了公共交通的智能化发展。乘客广泛使用易捷通卡，每天只有不足 3% 的乘客通过现金或单程卡付费。换句话说，97% 的乘客都使用该卡，且在上下车时都要刷卡，由此产生的海量数据也为公共交通决策优化提供了可能②。比如，陆路交通管理局实验早鸟计划，监测早高峰期前的免费乘车提议是否能够缓解交通拥堵状况。再如，路交局推动巴士等候服务标准，利用基准数据设定巴士等候时间，据此对巴士运营商予以奖惩（见图 5 - 5）。

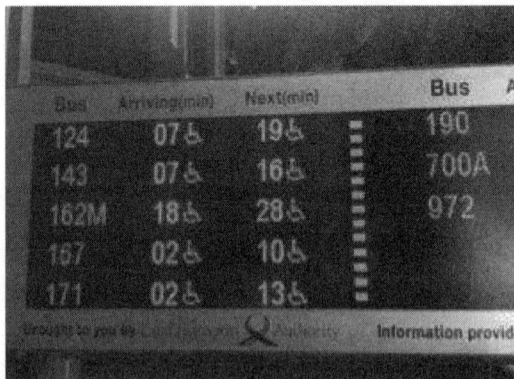

图 5 - 5　智慧巴士显示屏③

① 图片来源：钛媒体，智慧城市建设 可以先看看新加坡的经验，http://iot.ofweek.com/2015-08/ART-132216-8470-28988679.html。

② 马亮.大数据技术何以创新公共治理？——新加坡智慧国案例研究[J].电子政务,2015(5):2 - 9.

③ 图片来源：钛媒体，智慧城市建设 可以先看看新加坡的经验，http://iot.ofweek.com/2015-08/ART-132216-8470-28988679.html。

（2）智慧教育。

新加坡的智慧教育目的在于为在校学员提供触手可及的学习环境与条件，这个过程中凸显教育对未来科技发展的适应力。

通过 EdVantage 计划为每位学生提供相应的学习设备，将之通过网络与课本、功课、课外活动以及课堂相连，提供全时空全方位的学习。同时，创新教学模式试验将 15% 到 20% 的学校定为实验学校、提供各种创新教学与学习方法；将 5% 学校定位为多元学习环境的未来学校，从而将未来应用于教学的先进技术与教学中，最终实现新加坡教育的无墙壁化（Classroom without Wall）。

（3）智慧建筑。

超过八成的新加坡居民居住在政府兴建的组屋中，政府在组屋兴建过程中从建筑环境规划、落成后组屋室内的一站式家电能源管理系统，到停车场泊车系统、废物回收处理、公共地方的节能系统等，都将"智能城市"运用科技、互联网、流动通信、大数据等包含其中。例如新加坡的房地产和发展局（Housing & Development Board）（HDB）正构建"智能环境传感器网络"，捕获实时温度和湿度等环境因素信息，在公共建筑温度和湿度触及临界值时采取不同措施。

新加坡政府推动建筑全息模型 BIM（Building Information Management）的使用（见图 5-6），所有设计研发人员在三维模型中以高度协同的方式进行研发设计以及施工模拟。

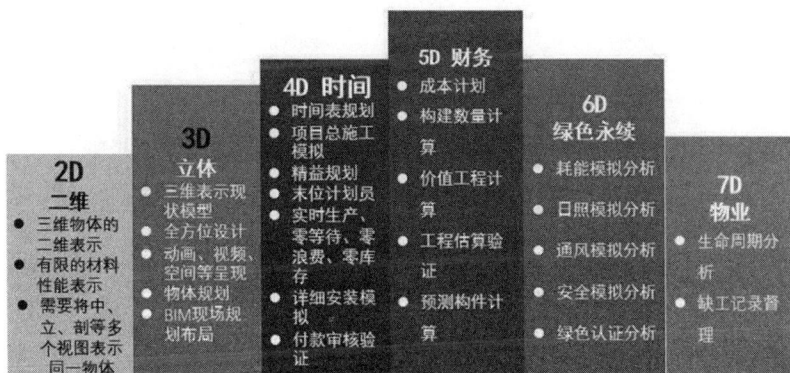

图 5-6 新加坡建筑全息模型①

① 图片来源：新加坡智慧城市建设与城市改造规划管控经验借鉴，http://www.dpchina.com/dpchina/magazine/MagazineDetail.aspx? InfoID = 22894bab-e5fa-448d-bbe2-fd72d9188b2c。

(4)智慧公共安全。

雾霾检测：为了应对跨界烟霾，新加坡联合本区域内的其他国家，开发了东南亚国家联盟区域烟霾预警系统（ASEAN Sub-Regional Haze Monitoring System，AHMS）。基于卫星成像技术，这个跨境烟霾监测系统可以及时发现林火并准确定位。新加坡的烟霾监测系统仍然积累了大量数据，结合气象等数据，为预测烟霾发生提供了依据。

城市灾害模拟：新加坡政府机构（包括国家研究基金会和总理办公室）正在积极开发虚拟新加坡项目。与 P3D 设计软件公司 Dassault Syst 研究基金会一起创建的"虚拟新加坡"是一协作平台，将用于公民、企业、政府和研究界开发应对该国面临挑战的工具和服务。自多家公共机构提供图像和采集到的数据，包括几何图形、地理空间和拓扑结构，以及既往和实时数据，如人口统计、气候变化、灾害预警模拟、应急管理等[①]，"虚拟新加坡"用户将能够创建丰富的视觉模型和逼真的大型新加坡模拟。

图 5-7 新加坡城市运行模拟平台[②]

流行病预测：新加坡作为热带国家，饱受骨痛热和登革热的困扰，每年爆发

---

① 国家互联网信息办公室.智慧城市建设不能只是听上去很美[EB/OL].http://www.cac.gov.cn/2015-08/17/c_1116276672.htm。

② 图片来源：清华同衡规划播报，海外 | 为了做好规划，新加坡给自己打造了一个 3D 城市，2-25.

上万起病例,政府对此非常重视。为了强化骨痛热的监测与预测,政府利用地理定位服务(GPS)技术来监测各个区域的发病情况,并构建数学模型,预测骨痛热在不同区域的爆发概率。南洋理工大学的科研人员开发了 Mo-Buzz 应用程序,基于社交媒体信息和其他数据,预测骨痛热发生率。与此同时,居民也被鼓励报告骨痛热的发生状况,提供拍照及其内嵌的地理信息,为识别骨痛热的爆发提供线索。

(5)智慧社区。

为了加强社区服务整合,2014 年成立了由多个机构组成的社区事务署(Municipal Services Office),下设国家发展部,由总理公署部长与国家发展部长共同监管。社区事务署协调包括陆交管局、公用事业局、国家环境局、国家公园局、建屋发展局、农粮兽医局和警方在内的多个机构,通过加强跨机构合作,简化公众求助程序,使公众反馈的问题得到更快捷和更有效的解决。社区事务署还开发了 OneService 的一站式求助平台,为公众提供实时和全面的求助服务。例如,社区的居民在小区发现有公共设施需要维修,或者在任何一个角落看到垃圾未及时清扫等事项,均可以通过社区管理手机客户端或电子政务网站提交信息,政府会及时调度资源进行处理。

5.2 新加坡电子政务建设经验

自 1993 年美国前副总统戈尔在给全国绩效评估委员会(NPR)的报告中提出了"电子政务"的概念,欧美多个国家开始正式将电子政府视为国家战略。在面对城市化和市场化进程中的各种问题时,新加坡政府也同样采用高科技产品来建立一个"以公众为中心的电子化政府"来提升政府的政务处理水平。在全世界经济论坛 IT 技术报告中新加坡的电子政府指数一直保持世界第一的位置。目前"电子政府""智慧城市"已经成为新加坡的治国精髓并世界知名。

5.2.1 新加坡电子政务发展历程

新加坡作为世界公认的电子政府领导者,其电子政府的发展伴随新加坡工业信息化的进程开展的。新加坡政府在 1965 年独立以后就将工业化作为国家发展的重中之重,这个过程中特别注重发挥信息化在工业发展中的作用。新加坡政府将基于信息化构建的电子化政府作为国家信息化计划的重要部分并在20世纪90年代明确地将"电子化"作为行政管理的"八化"之一,电子政府发展提速。因此,新加坡电子政府发展是新加坡国家信息化的重要组成部分,根据国家信息化战略不断地调整战略路径(见图5-8)。

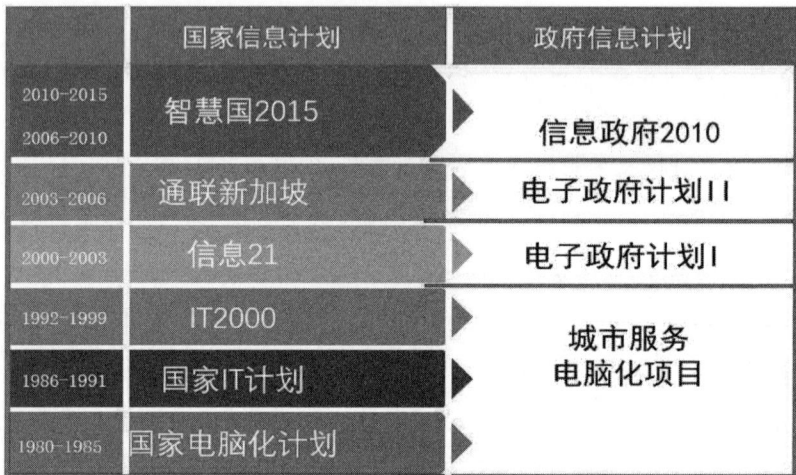

国家信息计划		政府信息计划
2010-2015	智慧国2015	信息政府2010
2006-2010		
2003-2006	通联新加坡	电子政府计划II
2000-2003	信息21	电子政府计划I
1992-1999	IT2000	城市服务电脑化项目
1986-1991	国家IT计划	
1980-1985	国家电脑化计划	

图 5 - 8　新加坡国家/政府的政府通信与信息计划

1. 政府服务计算机化

从 1980 年到 1985 年,新加坡政府提出了"国家电脑化计划"并成立了国家计算机化委员会和国家电脑局来推动电脑在新加坡的政府、商业和企业中的应用,从而提高政府和企业的办公自动化水平。在前五年通过"国家计算机化",电脑在新加坡政府机构和企业中即得到了广泛应用,在这一阶段,新加坡政府机构以办公自动化为重点推进方向,电子政府建设的目标在于节约人力、提高效率。从政策内容上,为各级公务员配置计算机并进行信息技术培训,在政府机构购置 250 余套计算机管理系统,从而推动政府机构办公自动化。

1986 年到 1990 年是"国家 IT 计划"计划的后五年,着重于推动各个电脑系统的数据沟通,电子政府的目标在于"促进政府部门之间、政府企业之间的电子数据交换"、强调政府部门内部信息沟通与合作、减少数据冗余并促进共享,从而为公众提供完整的政府服务。所以,在第二个五年中,新加坡政府成立了

23个政府主要部门的计算机网络来实现数据的共享,核心的电子数据交换技术(EDI)在经济贸易网络、法律网络以及医疗网络等应用,以及政府与企业之间等不同的场景中得到了全面的应用。因此,这一时期新加坡社会实现了电脑化进程,政府、社会和企业都在通过电脑进行业务操作,并很多应用场景中信息实现了数据的互通共享。

为了进一步推动"信息孤岛"的信息共享,新加坡制定了信息产业的第二个十年计划,即"国家科技计划",试图彻底解决城市信息互联互通与数据共享的问题,彻底消除信息孤岛现象。这个过程中,新加坡政府1992年在民生领域提出了"智慧岛计划",使得公民在任何时间和地点都可以有机会获得IT服务,在10年内将新加坡建成智慧岛和全球性的IT中心。1998年实现了覆盖全国的高速宽带多媒体网络(Singapore ONE),成为世界第一个全国性宽带网、涵盖新加坡全国全部家庭、所有学校、大多数公共图书馆以及社区活动中心,和主要商业大楼。这项计划使得政府、企业和公众能全天候和全方位地获得网络接入服务,新加坡全面完成了数据的互通互联。电子政府建设方面进一步推动政府系统内通信与资源共享能力建设,如智能卡系统、政府邮件系统、政府内部专网、电话呼叫中心、数字电话电视会议系统等,强调电子政府应包含更多、更快的公共服务网络体系。

2. 全面电子政府计划

为了推动信息、科技与通信在新加坡经济中的成长,每一个行业都有能力采用数字化技术应用和电子商务来改变传统的经济模式,从而实现传统行业知识化的转化,新加坡在2000年后开始提出"信息与应用整合平台－ICT使用计划"(ICT,Information Communication Technology)并将原来的国家电脑局和新加坡电信局合并组建新加坡资讯通信发展管理局(Infocomm Development Authority of Singapore,IDA)来集中推动计划的实施。

这项计划的其中一项内容就在于"电子政府计划"(e-Government Action Plan),新加坡政务活动真正地进入到电子政府阶段。该项计划的目标在于"帮助新加坡公众上网、帮助人民电子化;帮助新加坡的商业上网,将私营企业电子化;帮助新加坡的政府上网,将公共事务电子化"。通过一系列的项目,新加坡科学系统地设计了电子政府的框架结构和每个层次的具体应用,能够在线提供1600多项政府服务,新加坡政府管理实质性深入地走向电子化阶段。

3. 电子政府整合阶段

2006 年之后,新加坡政府开始启动了"智慧国 2015(iN2015)"计划,来实现信息与通信产业(Information and Communication Technology,ICT)的发展,进而应用 ICT 技术提高关键领域的竞争力,将新加坡建设成为一个以 ICT 驱动的"智能化国度"和"全球化都市"。新加坡进行的智慧城市建设过程中,通过利用信息与网络科技提升七大领域的内容,其中一个重要领域就是电子政府建设,即针对电子政府的"iGov2010"计划。

iGov2010 是一项五年计划,强调在 2010 年前建立整合政府智能化地解决用户需求和提供高质量服务,为用户提供一站式全方位的服务,至少实现如下的具体目标:即 80% 的用户对电子政府服务整体质量非常满意;90% 的用户会推荐其他人通过电子政府服务办理相关事务;80% 的用户对在线公布的政府政策、项目和计划等信息的透明度和可用性非常满意。在具体实施方面,通过转变后台工作流程来提高前台服务效率,围绕用户需求建立一个"集成政府"(Integrated Government)。其中一项工程就是三年期的移动政府项目,通过电子化向公众提供更便捷的政务服务。iGov2010 预示着新加坡电子政府的焦点从实施方式到实施效果的转移,即"e"关注的是技术、设施和实施过程,而"i"意味着沟通、流程和应用的整合,为公众提供全面的服务。在项目实施末期,新加坡政府可以提供累计超过 1700 余项在线政府服务、仅通过门户网站 e-Citizen 公民就可享受超过 600 项政府电子服务,民众对电子政府满意度达到了 98%,企业对电子政府满意度达到了 93%,超过 90% 的公民推荐别人使用电子政府服务,均远超规划目标。

4. 合作创新型电子政府

尽管 iGov2010 取得了巨大成就,但在日益变化的复杂外在环境下,电子政府也面临着巨大的压力。例如,互动性是下一代信息通信技术的特征,特别是 web2.0 在社交领域的广泛应用使得电子政府互动性需求凸显,因此必须考虑如何在电子政府中增加与公众的互动交流。在个性化快速需求情况下,政府部门之间的有效快速协作是提供快速有效服务的前提,如何进一步增强部门间的协作是一大难点;同时,新一代公民更加渴望参与政策制定,培养他们的参政意识和能力也是电子政府一项重要工作内容。因此,iGov2010 完成既定目标后,新加坡政府适时推出了《新加坡电子政务总体规划(2011—2015)》

（eGov2015），旨在借助信息通信技术"建立一个与国民互动、共同创新的合作型政府"。

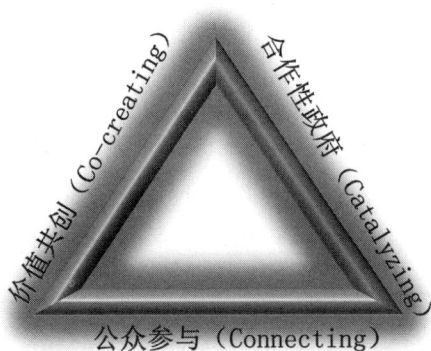

图 5 - 9　新加坡 eGov2015 战略目标

图 5 - 9 列出了新加坡 eGov2015 的三大目标：

（1）价值共创（co-creating）。即政府采用信息技术搭建新的平台，与私营部门和社会公众合作来共同创造新的服务内容和服务渠道。如利用政府网站为公众提供无缝融合的整合服务，同时推出 mGov@SG 这项一站式移动电子政府公共服务，可以通过手机浏览器、应用程序或者短信等方式享受政府提供的服务；通过 OneInbox 的一站式通信平台享受个性化服务。

（2）公众参与（connecting）。eGov2015 规划旨在培养公民的决策意识和参与度，政府采用一些新方法来征集民意。例如，建立部门社交媒体平台吸引民众参与，通过众包工具鼓励建言行为，进一步完善半官方意见收集平台 REACH 门户网站等。

（3）合作性政府（catalyzing）。合作型政府是通过通信技术使得政府机构之间进行高效和创新性的合作。因此，将公共基础设施提升（新一代国家高速宽带网络、云计算、节能技术）与政府工作人员能力提升是两项基本内容

20 世纪 80 年代新加坡制定并实施了"国内服务计算机化项目"，以及 2000 年到 2006 年的电子政务行动计划 I 和 II 计划，特别 2006 到 2015 年连续实行 iGov2010 和 eGov2015 两项电子政府计划，新加坡电子政府已经涵盖所有政务服务，服务深度和便捷度得到大幅提升，98% 以上的公共服务可以在线提供，公民可以享受超过 1 600 项 24 小时一站式电子政务和 300 多项移动服务。

2014 年新加坡开始推动"智慧国家 2025 计划"的 10 年计划,旨在通过已经建成的覆盖全国的数据收集、连接和分析的基础设施与操作系统,来获取各类数据,从而预测公民需求、为公众提供更好的服务。

5.2.2　新加坡电子政府的现状

新加坡电子政府获得了民众与企业的广泛赞誉与认可,早在 4 年前新加坡大约 88% 的民众用户、99% 的企业用户通过电子方式来办理相关的政府业务,政府电子服务质量满意率达到 90% 以上。新加坡电子政府紧密围绕用户需求进行建设,具有如下的具体特征。

1. 一站式电子政务

为了改变各个政府部门网站分散化提供服务的局面,1999 年以来新加坡政府投入巨资对政府机构信息进行了整合,打造了一站式网络服务平台,来尽可能多地在同一平台提供所有政府与机构的服务,目前 98% 以上的公共服务可以通过电子政府提供。其中,新加坡"电子公民服务中心"是一站式电子服务的一个样板、提供了 1 600 项以上的电子服务。年满 14 周岁的新加坡公民都被赋予一个电子身份证登录电子公民服务中心(www.gov.sg),该中心几乎涵盖了公民从生到死各个阶段涉及的各种服务,如"文化、娱乐与运动""住房""健康与环境""交通与出游""教育、学习与工作""税费缴纳与福利保险"等方面,共提供了 2 000 多项政府服务、其中 97% 以上可通过网络在线办理。

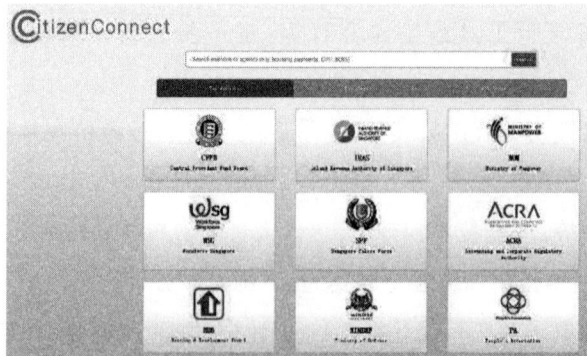

图 5-10　新加坡电子公民服务中心服务类型①

---

① 图片来源:https://www.ecitizen.gov.sg/。

　　根据"众多机构、一个政府"的要求,新加坡政府协调政府部门进行网络化办公,公民进入政府网站后可找到各部门具体的服务页面、而不用逐个查询服务所在网址。此外,新加坡的电子政务也面向企业单位,如"缴税""报关""注册登记"等业务均可以在电子政府网站完成,并且在政府推动这些电子政务活动时将这些业务模块进行统一绑定。例如,为了避免在注册专利、商标和设计的不同平台进行切换操作,对于知识产权注册时新加坡在 2014 年即推出一站式平台"IP2SG"(https://www.ip2.sg),公司或个人均可以通过这个网络平台来申报知识产权,业务办理的方便程度大大提高;利用网上身份认证(Singpass)项目统一整合了 60 多个部门的电子政府应用系统,新加坡公民可以在该系统中完成申请住房贷款、报税、查询公积金等市政部门各项服务;通过 OBLS 网上商业执照服务系统,实现了 30 多个政府部门的集成办公,让企业注册者"一次申请、一次支付"即可直接办理超过 200 项的商业执照申领业务。

　　随着移动终端的普及,新加坡政府为移动终端设计了 mGov@SG 的服务,为移动端持有者提供超过 100 种以上的政府与非政府公共服务。2000 年,新加坡政府推行"第 1 次行动计划",其主要目标是为国民提供 24 小时全天候的电子政务服务与基础设施;为商家提供 24 小时全天候的电子政务服务;为公共服务人员提供电子政务服务相关的培训①。高效的政务服务为其他产业的升级提供了良好的易商环境,降低了企业的内部成本和外部成本,新加坡易商环境排名全球第一,也带来 93% 的居民满意率。

　　2. 政府信息开放共享

　　新加坡政府在不断地提升政府管理系统,加强数据共享与业务集成来提供一站式快速服务的同时,认识到政府除了服务提供者、还是可以成为平台提供者。因此,新加坡政府通过数据收集和开放,鼓励企业和社会通过创新性地使用这些数据,以创造商业利润和公共价值。例如,新加坡统计局建立了一站式的开放数据平台(网址 http://data.gov.sg/,图 5-11),提供大量可机读的政府数据,以便各部门使用和社会分享。

---

① 山东省商务厅,新加坡信息化:打造"智慧国"[EB/OL].http://www.shandongbusiness.gov.cn/public/html/news/200902/61034.html。

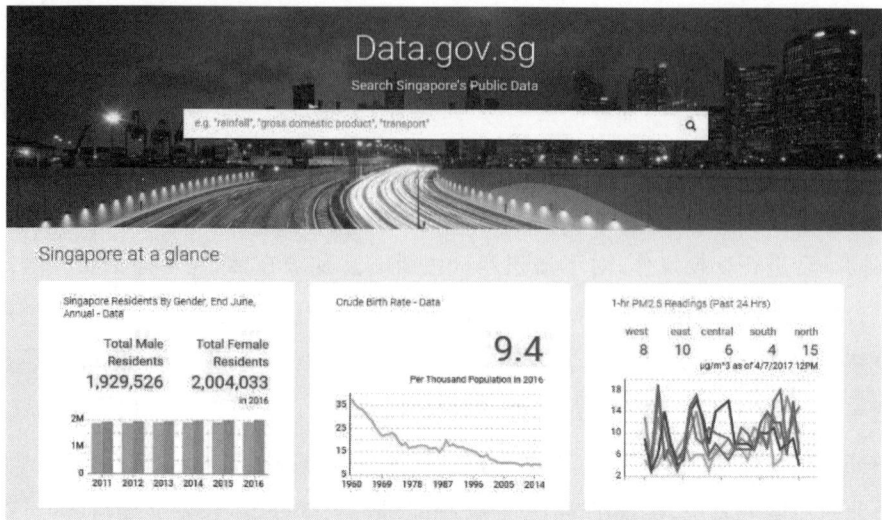

图 5‑11　新加坡公共信息共享平台

3. 政府内部高度协同

新加坡政府提供了一站式门户服务,公民和企业在办理业务时、不需要登录各个政府站点完成不同的手续。1999 年之后,新加坡电子政府按照业务流程提供服务,即在单一网站上按照网站引导的业务流程一步一步地完成相关手续,非常便捷高效。因此,该政府站点就像一本政府白皮书,完整地代表政府提供在线一体化的服务。早在 2006 年新加坡政府就提出了电子政府发展理念"整合政府 2010"计划,将电子政府(e-Government)转变为整合政府(i-Government),政府已经超出了智慧政府技术实现层面,而是强调以居民服务为中心、强化政府快速响应居民需求的综合服务能力,这对政府内部的整合和协同办公提出了极高的要求。为了推动政府不同机构内的整合,2008 年新加坡推出 So Easy 项目,其目的是建立一个横跨政府部门的集成式语音、图像、视频和数据办公环境,通过即时通信、桌面视频会议和留言板等工具,在机构内部和各机构之间实现安全无缝的协作。

4. 社会公众积极参与

无论智能手机和电脑的普及率、还是互联网的接入率(72%的国民是互联网用户、86%的企业接入宽带网络),新加坡都在全球处于领先地位。世界经济论坛发布的《2014 全球信息技术报告》将新加坡排在全球第二位;在信息通信技术发展水平方面,在世界经济论坛(WEF)于 2016 年 7 月 6 日发布的《2016年全球信息技术报告》中,新加坡"网络就绪指数"名列前茅,社交媒体是民众获取新闻与表达意见的主要场所。因此,2006 年新加坡建立了政府官方在线参与的网络意见表达平台(Reaching Everyone for Active Citizenry@ Home,www.reach.gov.sg/,表 5-1),并将 Facebook 和 Twitter 等社交媒体也嵌入到平台中,使得政府从公众收集到的建议与反馈倍增。

表 5-1 Reach 公众意见表达平台

REACH 参与工具 在线论坛(Discussion Forum); 博客(Blog Us);咨询留言板 (Public Consultation);电子投 票(E-poll)	收集与评估民意	帮助政府了解新加坡公众关心的问题和态度
	促进公民参与	与社区和社会组织建立紧密联系,发现需要关怀的个人/组织
	培养积极公民	通过提供政务参与渠道,来培养和发掘公民参与意识

与此同时,在几乎所有新加坡政府网站或客户端应用中,都包含意见和反馈的页面,积极收集社会公众和企业的反馈意见,并在此基础上改进电子政府的服务。

5.2.3 新加坡电子政府的经验

电子政府的目的在于通过先进的通信技术来将政府各个分散的部门统一起来,采用随处随时可得的电子政府平台来实现政府与公众的良好双线沟通。新加坡在推动电子政府过程中体现了一些鲜明特征。

1. 电子政务业务统一领导

跨部门合作是实现无缝管理和一站式服务的关键之处,同时也是难点。为了实现跨部门的合作难题,在不同电子政务项目中新加坡都明确政府领导部门和职责范围。早在 1980 年,新加坡政府设立了国家计算机化委员会,全盘负责制定新加坡的信息技术使用策略和发展计划。次年成立了国家电脑局,负责实施行政事务电脑化计划。为了应对新的发展形势,新加坡在 1999 年将电信管理局和国家电脑局合并,设立资讯通信发展管理局(IDA),将其作为电子政务发展的统筹机构。IDA 的主要工作基本涵盖了制定电子政务的发展政策、监督政策的落实情况、对所需技术进行研判与攻关、完善电子政务的法律法规体系，以及相关标准制定。在推动电子政府开展过程中，IDA 与财政部统筹分工，形成了 IDA 的集中式领导体系。即依托公共服务系统委员会、ICT 局委员会、公共领域 ICT 指导委员会、公共领域 ICT 审查委员会四个层次形成电子政务建设指导意见，IDA 向财政部提供这些电子政务项目的技术意见和建议，而财政部以此完成相关的资金管理和工作评估(图 5 - 12)。

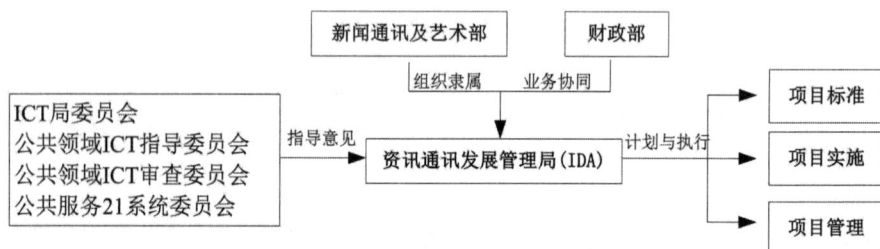

图 5 - 12　新加坡电子政务领导机构

"条块分割"是提供政府服务时的一大困扰，一方面政府内部信息流通问题，另一方面是部门之间的权责博弈问题。新加坡通过 So Easy 项目等信息共享项目来解决第一个方面的问题，在解决第二个方面的问题时采用机构联合办公的形式。例如，社区服务包含了公用事业、房屋、水电煤气、安全等政府部门，部门协调难以进行。因此新加坡政府在 2014 年成立了社区事务署(Municipal Services Office)，由总理公署部长与国家发展部长共同监管。通过社区事务署协调包括陆交管局、国家公园局、国家环境局、建屋发展局、公用事业局、农粮兽医局和警方等在内的相关机构，并开发出 one service 一站式求助平台提供实时和全面的服务。

2. 围绕需求开展电子政务

电子政务的目的在于推动政府行政管理模式的创新，提高政府公共服务的水平。新加坡将本国电子政务的发展目标定位为"为公民服务，为商家服务，为政府工作人员服务"共三方面，在制定和执行电子政府项目时始终围绕这些目标进行。例如，在 20 世纪 80 年代时，人工处理政务导致政府效率低下，新加坡电子政务主要措施是在政府部门推进电子计算机和作业系统。而当产业和公民需要提供一体化产品时，新加坡连续推行了"电子政府计划"和"iGov 计划"来实现这个目标。为了支撑一站式服务，新加坡政府实施了政府业务流程调整、政府资源整合、采用集成化信息传输技术和统一执行标准等举措，从而提供一站式快速服务。当公民和社会开始体现出参与政务过程的需求时，新加坡政府实时提出了 e-Gov2015 计划，在电子政府活动开展中着重增添互动性工具。

3. 加强电子政务法制建设

新加坡是一个高度法制化的国家，以"立法全、执法严"著称。据统计，现行的法律法规高达 400 多种，从大到政治体系与商业往来、小到公共卫生或社区管理等都具有相应的法律规定。在预防计算机犯罪方面，1998 年，新加坡政府通过了《滥用计算机法修正案》，并根据时代发展于 2003 年和 2013 年对该法进行了相应修改。为了规范电子政务行为及电子政务标准化方面，新加坡先后颁布了《计算机犯罪法》《远程医疗法》《数字签名法》《信息安全指南》《电子认证安全指南》和《个人数据保护法》等明确了使用计算机的行为界定及法律责任的追究。新加坡正致力于颁布统一的《电子政务活动法》。

4. 统一电子政务建设标准

电子政府由许多独立系统组成，为了使独立系统互相配合和融合，需要建立稳固的开放型标准基础，让政府机构、企业、社会机构与人员采用统一的原则进行系统开发设计与应用。新加坡的电子政务活动的体系是由资讯通信管理局（IDA）全权负责的，为了实现包括电子政府在内的国家信息标准化，新加坡政府设立了政府首席信息及技术官（GCIO），通常由 IDA 的高级官员全权负责。GCIO 是新加坡政府的首席信息及技术官，全权负责国家信息化的整个设计，包括：为信息化工程的总体规划和技术开发提供技术领导；领导制定信息产业的统一标准、政策、指导方针及管理流程；开发、实施和管理整个政府的信息基础设施并将之理念化；开发、实施和管理整个政府的信息应用系统并将之理念化。GCIO 还为政府各部及其他政府机构提供信息技术专业人力资源，例如派遣一名工作人员到其他部门担任 CIO 来负责各个部门的信息化项目。

5. 提高公民电子沟通能力

为了推动公民和企业使用电子政府服务的能力，新加坡政府在专业人才培养、居民信息化能力、企业用户与学生信息化培养等方面做了大量工作。例如新加坡为社会最有需要的人士提供信息与通信设备,例如为无偿付能力的学生提供电脑与免费上网服务;设立公民连接中心(Citizen Connect center),通过公共设备为有需要人士提供网络服务与现场指导,提高居民使用现代信息终端的能力。为年长者和伤残人士提供个性化的培训计划,即通过一些政府支持项目协助其学习使用电子服务、移动通信等技术。

为了提高经济领域从业人员信息应用能力,培养为电子政府提供信息技术能力支持的专业技能人员,新加坡政府推动了一些培训和认证项目,包括:CXO Program:提供平台让企业与机构负责人与海外专家,在策略层面提供信息交换和科技竞争力的方案,提高企业竞争力;ICDI Infoomm Competency Development Initiative,为非从事信息通信产业的人员提供相关的培训与认证,从而提高其从事相关产业的技能;NICF 国家信息与通信科技能力计划 National Infocomm Competency Framework,制定不同咨询与通信行业所需要的技能与相关训练技术要求,帮助评估从业人员的从业能力,并通过学费资助等方式鼓励从业人员参与课程培训。

6. 应用最新信息交互技术

在电子政务基础架构设计、数据共享与处理、应用接口设等各个层次上,新加坡政府都注重将最新技术应用与各个项目中。例如,相对于传统的电子政务技术,云计算使行政部门节省了大量处理时间和成本,因此新加坡政府在实施 eGov2015 计划过程中将建设一个政府私有云(G-Cloud)作为一个重要内容;而为了提高信息传输效率,新加坡政府快速推进了最新的国家高速宽带网络计划、并正在研发异构网络切换技术,让移动通信工具在移动网络和无线网络之间进行无缝切换。在具体的电子政务实施过程中,为了满足和提高公众的参与,新加坡在电子政府平台中嵌入风靡的 Facebook/Youtube/Twitter 等媒介平台,从而方便公众参与及时反馈。

5.3 东京智慧交通建设经验

东京都市圈是以东京都为中心的半径 80 公里范围内、包括东京都、埼玉县、千叶县、神奈川县的区域(见图5-13)。东京都市圈总面积1.34万平方公里,占全国面积的3.5%,GDP占到日本全国的一半。东京都市圈城市化水平达到百分之九十以上,其中人口占全国人口的三分之一以上,多达4 000多万人。早在1927年东京就开始修建第一条地铁,二战刚结束东京即开始大规模地建设轻轨和地铁,其完善的国铁、私铁及地铁系统使东京大都市圈的交通效率一直位居世界前列,以多样化的轨道交通体系为依托形成完整的便捷交通体系。

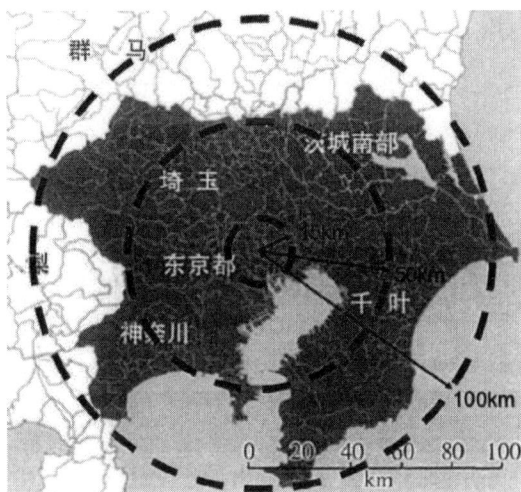

图5-13 东京都市圈的范围①

东京城市交通的特点在于构建了包括地上高架路、地下铁道和地面道路与有轨电车相结合的城市快速交通网。公共交通网络覆盖东京的全部范围,可以到达东京任何一个角落,因此是东京治理交通拥堵的利器。东京都市圈每天轨道交通乘客多达2 000万人次、占到全部乘客的86%以上,甚至高峰时段高达90%。东京都2小时通勤圈内轨道网总长度达2 365公里,位居世界前列。难能可贵的是,东京轨道交通线路长、规模大、准时且发车频率高(一般为3至5分钟一班)。

---

① 图片来源:www.asghj.gov.cn。

5.3.1 东京智能交通特征

1. 公共交通体系覆盖面大

多年来的建设使得东京交通基础设施的规模高居世界大型城市的前列[①]。首先是道路设施的供给数量充分,人均地面交通道路面积为18.29平方米(上海市为11.26平方米),主干道与次干道以及毛细道路具有相互衔接的合适比例,所有道路总体上体现了中心城区密度高、外围城区密度低的特征。其次,东京轨道交通主要组成部分是国有铁路、私人铁路和地铁,按照地铁长度与覆盖地理面积的比值换算发现东京轨道交通线网密度高达1.31公里/平方公里,而上海仅为0.57公里/平方公里,因此轨道交通网络密布。若按照人均轨道交通长度来换算,则发现东京万人拥有轨道线网长度0.90公里、同期上海为0.34公里,因此东京轨道交通无论路网密度还是人均长度都非常高。例如,东京地铁目前共拥有56条各类线路,435个站点、将东京围绕得密密麻麻,在东京所有角落都可以20分钟之内走到地铁站点,住户离车站的距离不足500米的占61.9%、而超过1千米者比重在1%以下。电气化火车、地铁、高架轨道交通构成城市公共交通的主体,公交车和出租车作为补充填补有轨交通的空隙,现有轨道交通站点和公交站点基本可以组成一个"10分钟交通圈",日常通行非常方便。

2. 城市交通以轨道交通为主

东京首都圈轨道交通里程全长2500千米,位居世界第一位。根据有关统计,东京总的交通出行人群中依靠有轨交通的占到86%,远远高于汽车出行(11%),公交巴士、摩托车、自行车和步行(3%)。与世界其他大城市相比,东京有轨交通通行比例远高于伦敦的35%、纽约的54%、巴黎的37%。

轨道交通具有强大的运输能力和快速、廉价、准点等特点,同引导城市空间和公共服务设施的布局,因此轨道交通体系是东京城市规划和交通规划的核心内容。东京轨道交通不仅线路多和覆盖面广,更为重要的是换乘方便。根据统计交叉站点步行换乘的时间一般不超过5分钟,99%的线路换乘在3分钟内,站内指示牌随处可见。

---

① 黄忆波.上海与东京城市交通对标研究[J].交通与运输,2015,31(1):23-26.

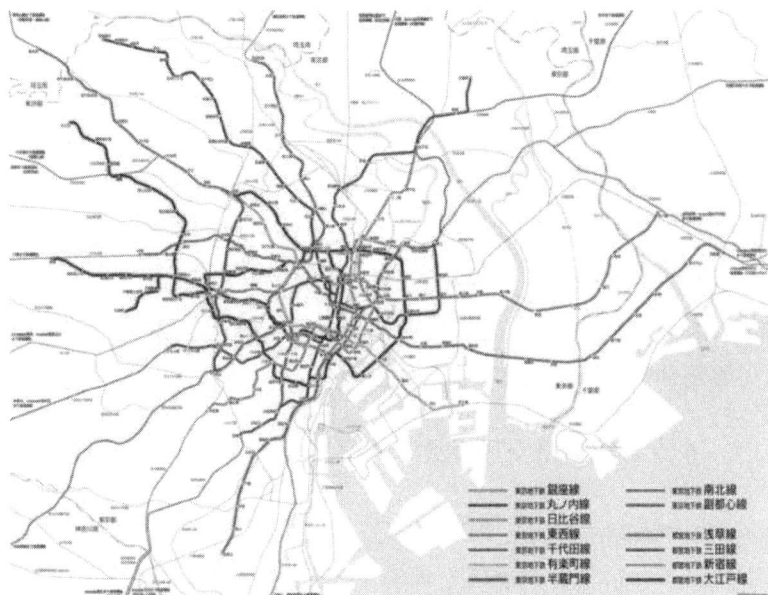

图 5‐14 东京地铁走向图①

在大力发展轨道交通的同时,东京也以"交通需求管理"的理念限制小汽车等私人交通,减少低效、易堵塞的交通模式。例如,东京在 2000 年颁布《交通需求管理东京行动计划》,目的是通过限制小汽车出行的次数与频次来减少小汽车出行,以"持而不用"成为保证道路承载力的方法。具体做法上,一方面通过消费税、柴油交易税、石油天然气税、汽车取得税、汽车重量税等税收增加汽车养护成本,另一方面东京停车位价格高昂,私人汽车业主必须签订私人停车合同后才可签订车辆,从而引导中低收入家庭选择公共交通方式。

3. 注重城市交通系统的高效运行

东京人口密度为 6106 人/平方公里,机动车保有量大约 800 万辆,30 多年间东京的机动车保有量增加了两倍多。但是,根据 1981 年汽车通行速度和现在汽车在街道通行速度相比,两者比值大约是 8 比 17,即东京地面交通汽车流动速度在机动车保有量增加 2 倍的前提下却提速了一倍多,这是难以达到的成就。轨道交通方面,东京轨道地铁系统客流强度为 2.2 万人次/公里,地面公交单车日均客流强度是 6.93 人次/公里,出租车平均每单运距 4 公里。因此,东

① 图片来源:www.wautle.com。

京的交通系统效果是非常高的。

　　交通拥堵是几乎所有大城市都面临的问题,东京在地面交通治理方面的成就一方面归因于公共交通建设起步早、覆盖面全,从而使得交通出行结构偏向于承载量大的有轨交通,更为重要的原因在于先进交通科学技术的广泛应用。日本早在 20 世纪 60 年底就开始研究并提出智能交通的概念,旨在将先进的科学技术(包括计算机技术、传感器技术、电子控制技术、人工智能等)应用于交通网络设计、交通系统控制和交通运载工具制造等领域,通过将用户、道路和车辆三者的无缝配合提高匀速效率和安全性。

5.3.2　东京智能道路交通系统

　　在交通网络高度发达、车辆保有率高、人口出行需求旺盛的大城市,通过拓展交通方式和里程来治理交通已不现实。充分利用技术提高交通效率是治理交通困境的有效手段。日本早在 20 世纪 60 年底就开始研究智能交通,并为了推动智能交通在东京的应用于 1994 年成立了由警察厅、总务省、国土交通省和经济产业省共同成立了道路交通车辆智能化推进协会(vehicle road and traffic intelligence society,ver-tis)来推进各种智能交通激素在 ITS 中的应用,旨在减少交通拥挤程度、燃料消耗和道路交通事故死亡率。1996 年,日本政府确定了"日本 ITS 框架体系",为智能交通技术的应用明确地提出了体系结构。十年内,日本、特别是东京都市圈已经形成了比较完整的智能交通系统技术体系和相关的产业链,形成具有世界最先进技术的智能交通应用。2007 年后,日本政府推出了智能交通 ITS 新的实施方案,旨在通过信息技术来强化节能减排力度、构建环境友好型交通体系。东京交通的鲜明特征就是现代信息技术的广泛应用,这些技术体系是从 1993 年日本政府提出的全国交通管理体系(Universal Traffic Management System,UTMS)为框架构建的,共分为六个分系统,即集成交通控制系统、先进车辆信息系统、车辆运行控制系统、动态路线导行系统、公共交通优先系统和环境保护管理系统。

　　所有研究项目均被称为 ITS(智能交通系统,Intelligent Traffic System)技术项目,并在三年后确定了各个技术的具体研究领域和体系架构。东京是日本的交通枢纽城市和人口城市,因此 ITS 系统在东京最早实施并发挥作用。

表 5 - 2 日本(东京)的 ITS 系统框架体系

九大领域	实现目标	技术实现体系
导航的高度化	车载信息与通信系统 路线导航信息提供 目的地信息提供	车辆信息与通信系统(VICS)
不停车收费系统	在收费站不停车完成收费	不停车收费系统(ETC)
安全驾驶支援系统	道路和驾驶信息提供 危险警告 运输支援 自动驾驶	先进道路支援系统(AHC)
交通管理优化	交通信号控制、道路引导 交通事故时管制	
道路管理效率化	援助与提高管理工作 特许商用车辆管理 道路危险信息提供	
公共交通的支持	公共交通信息提供 公共交通运行管理	
车辆运营管理系统	车辆运营管理 车辆自动跟车行驶	
步行者支援	步行者导航 行人危险预防	
紧急车辆的运行支援	紧急事件自动警报 紧急车辆诱导及救援行动支援	

围绕 ITS 九大应用领域和应用目标,东京智能交通形成了车辆信息与通信系统(VICS)、不停车收费系统(ETC)以及先进道路支援系统(AHC)三套应用系统,应用在东京交通体系中。

1. 车辆信息与通信系统

车辆信息与通信系统起源于 1971 年日本开始研发的 CACS 系统(Comprehensive Automobile Control System)、在此基础上分别在 1984 年和 1987 年人本建设省和警察厅分别研发了 RACS(Road Automobile Communication System)和 AMTICS(Advanced Mobile Traffic Information and Communication System)系统,这些系统都旨在提高交通的自能化水平,出于系统集成性的考虑,警察厅、建设省、邮电省集成这些分系统于1992年联合开发了VICS系统(Vehicle Information and Communication System)并在东京道路上应用,目前这项技术已经应用比较成熟、目前处于继续优化阶段。截止到2013年年初,日本东京超过一半汽车已经安装VICS车载终端。该系统将警察部门和道路管理者采集到的各类交通系统进行梳理和分析,传递到日本道路交通信息中心、最后被专递到VICS信息处理中心。VICS信息处理中心汇集这些实时信息,以及天气、节日、演唱会等信息,将堵塞信息、旅行时间、交通障碍(事故、施工)信息、交通管制信息、停车场信息等五类信息传递给通行者。东京使用的VICS提供的交通信息主要通过三种技术途径实现:覆盖高速公路的电波信标,覆盖普通公路的光信标,以及覆盖城市地区的FM多频广播。因此,VICS系统共享的信息通过路边信号塔和广播传递并用车载终端进行显示,即文字标识(纯文字显示各类信息)、简易图形标示(用简易图形显示各类交通信息)和地图显示(真实地图进行实时交通显示),显示的内容包括:交通堵塞、驾驶时控、交通事故、道路施工、车道限制、停车场与车位控制以及车速等信息。VICS系统显著地提高了道路交通的通畅性和安全性,被验证为目前世界最成功的出行系统。

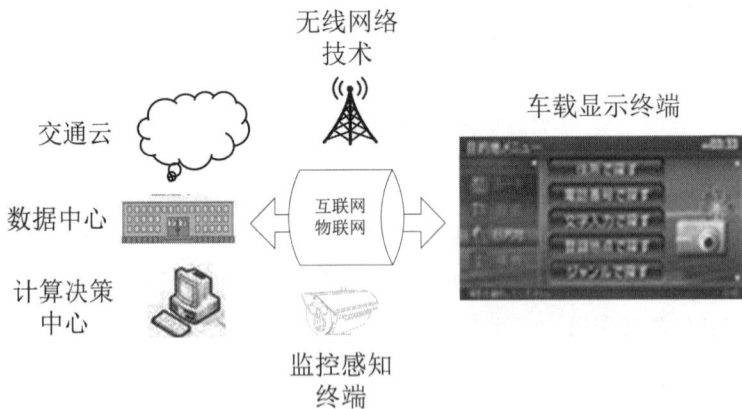

图 5 - 15 VICS 系统示意图

VICS交通信息服务系统由日本道路交通控制与通信系统中心管理,办公经费由募捐、赞助会费、技术费组成,其中技术费由厂商赞助,即车载导航设备的生产厂商每销售一台设备缴纳的费用。VICS 系统的道路交通信息的收集、处理、编辑和分析免费提供给驾驶员,不需在使用中承担其他费用。VICS 这一独特的运营模式使得 VICS 车载导航系统快速普及,自从 1996 年投入东京使用以后该系统已经得到了普及,被称为世界上应用和产业规模最大的、应用效果最突出的智能交通项目。根据统计,该系统可以实现节省 20% 的时间、节省 10% 的燃料、每年减少 200 万吨以上的二氧化碳排放。

2. 不停车收费的 ETC 建设

收费站点是出现拥堵的环节,多年来日本一直研究如何不停车就能解决这一问题。1993 年,日本政府提出"道路技术五年规划",明确指出大力支持研发 ETC 技术及推进其应用并与 1997 年制定了相关收费标准方案、1999 年制定了相关设备技术规格方案。东京的 ETC 计划于 2000 年 4 月开始正式实施,该 ETC 系统根据车辆的类型和在公路上行驶的距离来收费。截止到 2012 年年底,东京地区在高速公路的 ETC 电子收费系统利用率已经达到了 90% 以上,形成了全世界最大规模的联网电子不停车收费系统。根据日本国土交通省的资料,东京不停车收费系统使用率达到 50% 时,高速公路收费站拥堵状况基本消失。

ETC 系统对车辆最高时速限制是 180 公里/小时,每辆车通过收费处可节省时间 5 - 15 秒,节约燃料 6% 到 12%。同时,由减少管理成本和运营成本带来的东京高速公路管理公司的收益基本上实现了两位数的年增长率,路侧设备、后台结算系统、服务设施和系统等制造商在 ETC 大规模上市 8 年内为日本社会创造新增产值超过 100 亿美元。

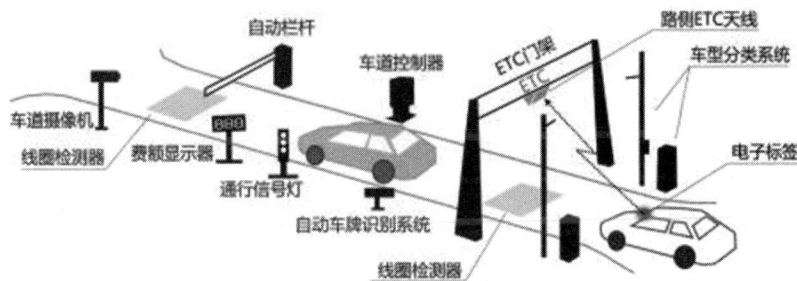

图 5 - 16 电子不停车收费 ETC 系统示意图①

---

① 嘉兴在线,2011 年 04 月 19 日。

使用 ETC 技术使每部车辆的电子标签与系统相连,安装 ETC 设备的车辆只要保持每小时 20 公里左右的速度,异频雷达收发器向车道天线发送电波。异频雷达收发器被固定在车辆内记录车辆信息,ETC 系统核查收费信息并完成收费后,车道栏杆自动抬起车辆通行。一套 ETC 系统通常包括三个子系统:①自动车辆识别系统,该系统由电子标签、路侧雷达和计算机系统组成,路侧雷达查询电子标签内存储的车辆信息(车主、车型、IC 卡信息等),在计算机系统支持下对车辆信息和 IC 卡信息进行读写操作。②自动车型分类系统,通过对汽车进行扫描分析(车轴间距、车轮宽度、车牌等)判断电子标签与车型匹配度,确保收费精确性。③逃费抓拍系统,该系统对非正常交易车辆进行高速抓拍和后继处理。

3. 先进道路支援系统（AHC）

东京的先进道路支援系统（AHC）是与广泛使用的车辆信息与通信系统（VICS）及不停车收费系统（ETC）紧密联系,配合使用。例如警察及道路管理者获得的交通信息,经过分类、分析加工后被应用于交通政策的制定和调整、车辆制造与车载导航系统的改进、道路交通规划与建设等领域,为智能交通提供精细化优化方案和新的功能应用。

根据日本交通部门制定的《ITS 全体构想》中,规定了有关先进道路支援系统（AHC）的内容:①安全驾驶的支援,主要包括危险警告、自动驾驶等;②交通管理的优化,主要包括路线引导、交通信号控制等;③道路管理效率化,主要包括援助和提高管理工作等;④公共交通的支持,主要包括公共交通运营管理;⑤商用车的效率化,主要包括操作和自动化平台的援助;⑥步行者等的支援,主要包括行人路线导航;⑦紧急车辆的运行支援,主要包括为紧急车辆提供紧急通知和路线导航等。目前,这九个方面的应用已经有非常大的进展,形成了一系列的决策支持系统。例如在交通信号控制方面,东京广泛使用的是面控制式的交通信号控制系统。所谓面控式信号控制,是考虑到一个地区各个交通道路的距离和行车速度等特征加强信号灯之间的配合,来对整个地区的交通进行优化调控。与之前的线控式(只考虑一条道路上多个信号灯之间的配合)和点控式(预设特定的信号灯时间)相比,面控式交通信号灯有效地对东京的交通进行全方位地调控。东京在城市中心地区根据车流量和交通路口间距实行面控式的控制系统;而在东京的边缘地区则采用点控方式,无论采用那一种控制方式,日本智能交通规划均通过摄像头、预埋信号监控系统等来收集行驶车辆的位置信息,通过大数据分析中心的分析和预测来掌控所有路口的交通信息,对中心城区交通灯实现自动调控、对郊区交通灯实现周期化调控,从而实现对城市交通的集中调控。根据《ITS 全体构想》的指引,日本警察厅支持下形成了新的交通管理系统 UTMS21,包括十个子应用系统,即公交优先系统(PTPS)、交通信息提供系统(AMIS)、综合智能图像系统(IITS)、安全驾车辅助系统(DSSS)、行人信息通信系统(PICS)、紧急车辆优先系统(FAST)、紧急状态通报系统(HELP)、环境保护系统(EPMS)、动态诱导系统(DRGS)、车辆行驶管理系统(MOCS)。

5.3.3　未来东京的智能交通

东京未来的智能交通系统旨在借助 IT 手段,提高交通系统的效率。例如:日本运输省和建设省针对"安全驾驶的支援"领域开发了智能导航系统(the Smart Cruise Systems)用于东京的陆地交通中,该系统通过安装感应设备(包括摄像头)的智能公路识别出拥堵、事故以及抛锚的汽车,并提供前方障碍、路况信息、十字路口等信息,并对驾驶员可能的错误判断做出警告、辅助导航以纠正误操作,如冲出弯道、偏离方向、交叉路口撞车事故等。

目前,日本也正在用最先进的通信和控制技术开发智能化的车联网系统——Smartway 系统,以及其升级版"ITS Spot Service"系统,将道路、驾驶员和车辆等系统有机地结合,电子收费、多功能付费、浮动车数据采集服务、道路管理与运营、向驾驶员提供信息(如支持安全驾驶的信息、提示与警告信息、多用途信息、语音信息、交通拥挤与出行时间信息、停车设施信息)、网络连接、公共汽车定位、其他各类应用(如车辆诊断、"免下车"服务、进出控制及轮渡付款等)。

除了 IT 技术在智能交通中的进一步应用这个亮点,东京智能交通将更加注重大数据在智能交通体系中的应用。例如将公交车、地铁、轻轨等各类公共交通子系统的交通卡使用数据进行智能化分析,分析乘客的流向和行为模式对交通系统资源进行配置,也可以根据人流信息规划车站内的商业设施。

6 上海市智慧城市理论框架的演进与发展

6.1 上海市现有智慧城市建设的理论框架

6.1.1 "十二五"初期

上海"十二五"规划纲要中提出"创建面向未来的智慧城市"是"十二五"期间发展的重要任务。规划中明确把推进信息化作为上海创新驱动、转型发展的重要手段和覆盖现代化建设全局的战略举措,以提升网络宽带化和应用智能化水平为核心,加快推动信息技术与城市发展全面深入融合,建设以数字化、网络化、智能化为主要特征的"智慧城市"。

2011 年 9 月,上海市委、市政府发布了《上海市推进智慧城市建设 2011—2013 年行动计划》作为上海市智慧城市发展的纲领性文件。三年行动计划的目标为到 2013 年底,上海智慧城市建设基本形成基础设施能级跃升、示范带动效应突出、重点应用效能明显、关键技术取得突破、相关产业国际可比、信息安全总体可控的良好局面,为全面实现上海信息化整体水平继续保持国内领先、迈入国际先进行列的"十二五"规划目标奠定坚实基础。主要包括了全面推进信息基础设施、智能应用、信息产业和信息安全四大体系建设。针对四大体系,行动计划针对信息基础设施建设设立 5 个专项和 3 项重点任务,全面提升上海信息基础设施服务能级;针对智能应用建设设立 8 个专项,促进城市运行管理水平、经济发展水平、公共服务水平和居民生活质量提升;针对信息产业建设设立 8 个专项,加强技术研发,推进示范应用,加快产业发展;针对信息安全设立

3 个专项,确保信息安全总体可控。

6.1.2 "十二五"中后期

2014 年 10 月,上海市委、市政府发布了《上海市推进智慧城市建设行动计划(2014—2016 年)》,作为上海市智慧城市发展新的纲领性文件。三年行动计划的目标为到 2016 年底,基本构建起以便捷高效的信息感知和智能应用体系为重点,以高速泛在的下一代城市信息基础设施体系、绿色高端的新一代信息技术产业体系、自主可靠的网络安全保障体系为支撑的智慧城市体系框架,智慧城市建设成为上海提升国际竞争力和城市软实力的强大支撑和重要基础,上海信息化整体水平继续保持国内领先,率先迈入国际先进行列。

本期的三年行动计划将信息感知和智能应用作为发展重点,提出了"活力上海"(LIVED)的概念,包括五大行动:着眼城市宜居(Livable),营造普惠化的智慧生活;着眼产业创新(Innovative),发展高端化的智慧经济;着眼运行可靠(Viable),完善精细化的智慧城管;着眼透明高效(Efficient),建设一体化的智慧政务;着眼区域(District)示范,围绕社区、村庄、商圈、园区、新城,打造智慧城市新地标。同时提出了建设智慧城市三大支撑体系,包括下一代城市信息基础设施体系;新一代信息技术产业体系;网络安全保障体系。

"活力上海"建设以五大行动引领,推动建设 28 个重点专项。五大行动具体包括:着眼城市宜居,营造普惠化的智慧生活;着眼产业创新,发展高端化的智慧经济;着眼运行可靠,完善精细化的智慧城管;着眼区域示范,打造智慧城市新地标。同时,行动计划提出了三大支撑体系,包括:下一代城市信息基础设施、新一代信息技术产业、网络安全保障等 22 个重点专项。

6.1.3 "十三五"时期

2016 年,上海市政府印发了《上海市推进智慧城市建设"十三五"规划》。规划目标到 2020 年,上海信息化整体水平继续保持国内领先,部分领域达到国际先进水平,以便捷化的智慧生活、高端化的智慧经济、精细化的智慧治理、协同化的智慧政务为重点,以新一代信息基础设施、信息资源开发利用、信息技术产业、网络安全保障为支撑的智慧城市体系框架进一步完善,初步建成以泛在化、融合化、智敏化为特征的智慧城市。

作为《上海市推进智慧城市建设行动计划(2014—2016 年)》的延续,《上海市推进智慧城市建设"十三五"规划》围绕打造"活力上海",强调五个普惠化智慧城市应用格局,包括:着眼城市宜居,营造便捷化的智慧生活;着眼产业创新,发展高端化的智慧经济;着眼运行可靠,完善精细化的智慧治理;着眼透明高效,建设协同化的智慧政务;着眼区域示范,建设智慧化的社区、村庄、商圈、园区和新城。同时"十三五"规划强调完善一体化的智慧城市支撑体系,包括建设新一代信息基础设施,强化智慧城市的网络和平台承载能力;深化数据资源共享开放,提升智慧城市的信息资源采集和利用能力;发展新一代信息技术产业,增强智慧城市的技术供给和产业化能力;加强网络和信息安全保障,夯实智慧城市的安全发展基础。"十三五"规划中提出了营造全方位的智慧城市发展环境,包括:创新工作协同机制;完善标准规范政策;拓展投资融资渠道;打造创新创业环境;加强复合型人才培养;促进国内外合作交流。

6.2　上海市信息化理论框架的演进

2011 年至 2016 年,上海市政府先后发布了多项智慧城市相关的行动计划与规划等纲领性文件,阐明了上海市智慧城市的整体框架,包括智慧城市的特征、建设目标、体系架构、推进原则和保障措施。上海市不同阶段的智慧城市建设框架总结如表 6-1 所示。

1. 特征内涵由"数字化、网络化、智能化"过渡为"泛在化、融合化、智敏化"

在"十二五"时期,上海"十二五"规划纲要以及两次智慧城市三年行动计划中,智慧城市的特征被定义为"数字化、网络化、智能化",而在 2016 年发布的《上海市推进智慧城市建设"十三五"规划》中,则将智慧城市的特征重新定为"泛在化、融合化、智敏化"。除了"智能化"的特征没有改变,"数字化、网络化"两个特征转变为"泛在化、融合化",这标志着上海市对于智慧城市的认知及建设进入了新的阶段。

一方面,2010 年以来,上海市全面推进面向未来的智慧城市建设,城市数字化、网络化水平显著提升。在数字化方面,上海市在"十二五"末期完成政府数据资源服务平台建设,汇聚和发布数据资源目录 1.03 万条、数据项 13.38 万

表 6-1 上海市不同阶段的智慧城市建设框架总结

	2011—2013 三年行动计划	2014—2016 三年行动计划	"十三五规划"
特征定义	数字化、网络化、智能化	数字化、网络化、智能化	泛在化、融合化、智敏化
目标	上海智慧城市建设基本形成基础设施能级跃升、示范带动效应突出、重点应用效能明显、关键技术取得突破、相关产业国际可比、信息安全总体可控的良好局面，为全面实现上海信息化整体水平继续保持国内领先、迈入国际先进行列的"十二五"规划目标奠定坚实基础。	基本构建起以便捷高效的信息感知和智能应用体系为重点，以高速泛在的下一代城市信息基础设施体系、绿色高端的新一代信息技术产业体系、自主可靠的网络安全保障体系为支撑的智慧城市体系框架，智慧城市建设成为上海提升国际竞争力和城市软实力的强大支撑和重要基础，上海信息化整体水平继续保持国内领先，率先迈入国际先进行列。	上海信息化整体水平继续保持国内领先，部分领域达到国际先进水平，以便捷化的智慧生活、高端化的智慧经济、精细化的智慧治理、协同化的智慧政务为重点，以新一代信息基础设施、信息资源开发利用、信息技术产业、网络安全保障为支撑的智慧城市体系框架进一步完善，初步建成以泛在化、融合化、智敏化为特征的智慧城市
推进原则	夯实基础，分步推进创新发展，惠及民生突出重点，聚焦项目市区联动，示范带动政府引导，企业主体	需求为先，惠民为本创新驱动，深化应用强化安全，保障有力政府引导，企业主体	需求牵引，应用为先激活市场，鼓励众创点面结合、广泛惠民夯实基础、保障安全
主要任务/重点任务/应用	信息基础设施信息感知和智能应用新一代信息技术产业信息安全保障	着眼城市宜居，营造普惠化的智慧生活着眼产业创新，发展高端化的智慧经济着眼运行可靠，完善精细化的智慧城管着眼透明高效，建设一体化的智慧政务着眼区域示范，打造智慧城市新地标	营造智慧生活，构筑宜居之城发展智慧经济，构筑创新之城深化智慧治理，构筑和谐之城建设智慧政务，构筑高效之城推进区域示范，打造智慧地标

（续表）

	2011—2013 三年行动计划	2014—2016 三年行动计划	"十三五规划"
支撑体系		建设具备国际水平的下一代城市信息基础设施 加快新一代信息技术产业发展 深化网络安全保障建设	建设新一代信息基础设施 深化数据资源共享开放 发展新一代信息技术产业 加强网络和信息安全保障
保障举措/发展环境	加大投入力度 优化市场机制 着力科技创新 强化试点示范 完善政策法规 营造良好氛围 开展统计评估 加强组织领导	完善法规政策 加强标准化建设 拓宽投融资渠道 鼓励自主创新 保障基础设施 加快人才培养	创新工作协同机制 完善标准规范政策 拓展投资融资渠道 打造创新创业环境 加强复合型人才培养 促进国内外合作交流

个;政务服务渠道整合取得新进展,推动网上行政大厅、并联审批系统、法人"一证通"等协同化政务应用;居(村)委会电子台账广泛应用;建成开通公共信用信息服务平台,归集法人、自然人相关信用信息 3 444 项等。上海市的信息数字化水平已经发展较为成熟。在网络化方面,"十二五"末期,上海市光纤到户基本实现全市域覆盖,家庭宽带用户平均互联网接入带宽达 35Mbps,实际光纤入户率 54%;3G/4G 网络基本实现全市域覆盖,用户普及率超过 98%;WLAN接入点(AP)超过 18 万个,906 处公共场所开通。三网融合加快发展,完成 720万户有线电视用户 NGB 网络改造,基本覆盖中心城区和郊区城镇化地区,IPTV 用户达 177 万户,高清数字电视和高清 IPTV 用户共计 327 万户。无论从光纤网络,到移动网络,无线网络和三网融合,上海市的网络化水平已经达到了较高的水平。

另一方面,城市的发展对智慧城市提出了"泛在化、融合化"的需求。上海作为超大型城市,对城市治理提出了"精细化"的要求,传统的"数字化和网络化"已经无法满足上海城市发展的需要。信息感知的"触角"需要更加微观、普及、细致,渗透进城市的各个方面。因此"泛在化"的信息感知需求非常重要。另一方面,上海市的信息化建设先进,但形成了大量的信息孤岛,虽然每个孤岛内的信息化水平很高,但仍然无法满足城市发展带来的多样化需求,因此需要信息、数据库和应用平台之间的深度融合,打破信息孤岛,提供更加融合化的应用。

2. 发展理念由技术导向过渡为应用导向

在《上海市推进智慧城市建设 2011—2013 年行动计划》中,推进原则首先为"夯实基础,分步推进",强调信息化建设。而对应的主要任务为信息基础设施、信息感知和智能应用、新一代信息技术产业、信息安全保障,均是以技术为导向和引领的发展方向。而在《上海市推进智慧城市建设行动计划(2014—2016 年)》中,推进原则则首先为"需求为先,惠民为本",在《上海市推进智慧城市建设"十三五"规划》中,推进原则首先为"需求牵引、应用为先"。可以看出上海市智慧城市的发展理念转变为应用导向,更加强调市民在智慧城市中的地位和作用,以人为本,以市民的需求为导向牵引智慧城市的发展。

3. 建设重点由"提升信息化"过渡为"应用构建"

在《上海市推进智慧城市建设 2011—2013 年行动计划》中,更为强调的是城市信息化水平的整体提升,包括基础设施能级跃升、关键技术取得突破、相关产业国际可比、信息安全总体可控等。四个主要的发展方向为信息基础设施、信息感知和智能应用、新一代信息技术产业、信息安全保障,均是围绕提高城市信息化水平而构建的。在《上海市推进智慧城市建设行动计划(2014－2016 年)》中提出以"便捷高效的信息感知和智能应用体系为重点",则开始强调"信息化"与"应用"并重。而在《上海市推进智慧城市建设"十三五"规划》中,则提出以"便捷化的智慧生活、高端化的智慧经济、精细化的智慧治理、协同化的智慧政务为重点",以"新一代信息基础设施、信息资源开发利用、信息技术产业、网络安全保障为支撑"。强调智慧生活、智慧经济、智慧治理、智慧政务等应用领域,建设重点由"信息化"转变为智慧应用构建。

4. 体系架构由单一层次过渡为多层次

在"十二五"初期,上海市智慧城市的体系架构较为单一,智慧城市的核心及重点发展任务均以信息化为主,为了辅助信息化发展,建立了八大保障措施,整体架构如图 6－1 所示。

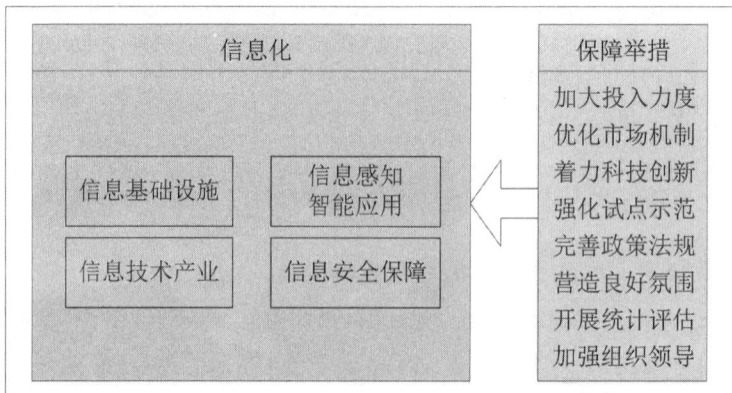

图 6-1 "十二五"初期上海市智慧城市体系架构

在"十二五"中后期,以《上海市推进智慧城市建设行动计划(2014-2016年)》为代表,上海市智慧城市体系架构发生了比较大的转变,由原来较为单一的信息化建设层,演进为"应用"和"支撑体系"双层的架构。其中应用层包括了智慧生活、智慧经济、智慧治理、智慧政务、智慧地标五部分,是面向应用的上层结构。而为了支撑智慧城市的五大应用,需要位于下层结构的支撑体系,主要以信息技术为主,包括信息基础设施、信息技术产业和网络安全保障三大模块。而保障措施也有了较大改变,更加强调政策标准的建设,也首次提到了投融资渠道和人才培养(见图 6-2)。

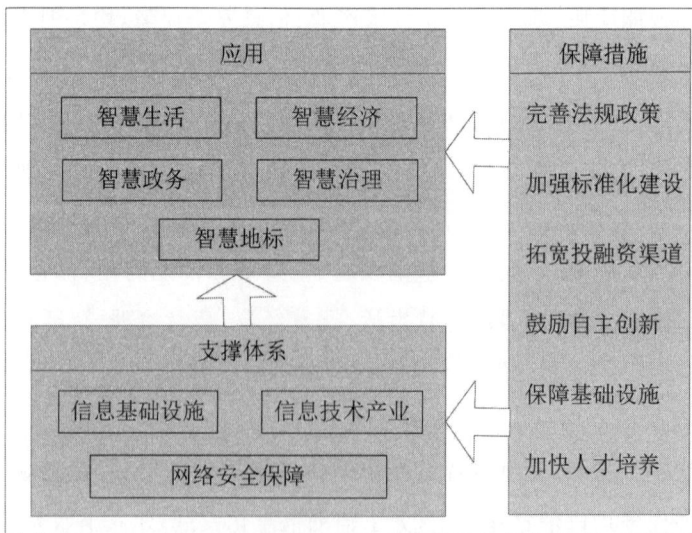

图 6-2 "十二五"中后期上海市智慧城市体系架构

在"十三五"初期,上海市智慧城市体系架构基本沿袭了"十二五"中后期的
体系架构。主体为"应用层"和"支撑体系层"双层的架构。其中应用层的五大
模块保持不变,支撑层则增加了"数据资源共享"模块,是"十三五"上海市智慧
城市体系架构的一大改进。传统的保障措施也转变为"营造全方位的智慧城市
发展环境",其中首次将创新工作协同机制和促进国内外合作交流作为主要的
促进智慧城市发展手段(见图6-3)。

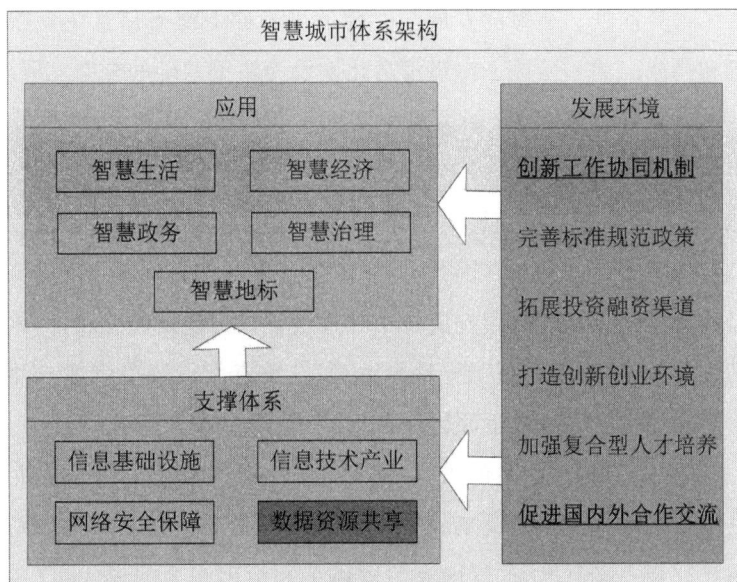

图6-3 "十三五"时期上海市智慧城市体系架构

5. 重视数据的思想开始萌芽

在《上海市推进智慧城市建设"十三五"规划》中,首次提出了"深化数据资
源共享开放",标志着数据的融合、开放、共享在上海的智慧城市建设中成为重
要的一部分。上海市智慧城市在"十二五"期间发展的基础上,数字化和网络化
已经达到较高的水平,但是数据的融合、开放、共享程度比较低,造成了许多信
息孤岛的出现,信息转化为价值的转化率较低。随着大数据、数据挖掘、云计算
等技术的发展,数据作为一种城市的资源,其价值被进一步强调。未来通过数
据资源的开放共享,进行数据资源的重组,挖掘数据的价值成为智慧城市发展
的重要模块。

6.3 上海市信息化的发展趋势

上海市信息化建设经过多年的发展,取得了骄人的成绩,信息化各项指标均位于全国前列,而城市的综合实力也在信息化发展的支持下不断攀升,多项排名进入了世界前列。上海的发展与时代的进步使上海市信息化发展面临了新的形势和挑战。前一阶段上海市信息化建设为注重基础的全面发展阶段,重点发展信息化基础设施建设,如无线网络的覆盖,光纤入户,信息中心的建设等。而应用领域则以"智慧城市"为主题,涉及智慧城市发展的五大领域和方方面面。然而,上海市信息化发展至今,基础设施建设已日趋完善,而各应用领域的发展也呈现出不同的特点。因此,上海市信息化未来的发展趋势应当从基础设施和全面的"智慧城市"应用发展转变为重点领域的建设和发展,而重点建设和发展的领域就是"城市管理"与"社会治理"。重点发展城市管理与社会治理领域的信息化建设主要有以下原因。

(1)支撑国家"治理"体系的需要:党的十八届三中全会《中共中央关于全面深化改革若干重大问题的决定》指出,全面深化改革的总目标是"完善和发展中国特色社会主义制度,推进国家治理体系和治理能力的现代化"。国家治理、政府治理、城市治理、社会治理等成为国家治理体系的重要环节。为了支撑国家多个方面的治理体系,城市管理与社会治理应当作为上海市信息化发展的重要领域和方向。

(2)上海全球城市发展战略的需要:上海市 2016 年发布的《上海市城市总体规划(2015—2040)纲要概要》中提出,上海市总体的战略目标是建设追求卓越的全球城市。此后,全球城市的建设是上海市当前的重要发展战略。全球城市的战略目标给上海市城市管理和社会治理提出了新的要求和新的高度,信息化作为城市发展的重要手段,应当为全球城市的城市管理和社会治理提供更有力的支撑。

(3)上海超大型城市精细化管理的需要:2017 年全国"两会"期间,习总书记要求上海走出一条符合超大城市特点和规律的社会治理新路子,在推进社会治理创新上有新作为。总书记提出:"城市管理应该像绣花一样精细,要强化智能化管理,提高城市管理标准,更多运用互联网、大数据等信息技术手段,提高城市科学化、精细化、智能化管理水平。"超大型城市的精细化管理主要落脚点也在城市管理与社会治理。如何通过信息化加强城市管理与社会治理的精细化水平,成为当前信息化发展的一个主要方向。

7 上海市智慧城市建设案例分析

7.1 上海市电子政务现状

1. 以往政府信息化建设为电子政务奠定扎实基础

目前上海全市政务内网市级联网单位达到 365 家,政务外网接入 1 400 多家市级单位,16 个区 7 400 多家区二级单位,基于政务外网开展了超过 70 项市级业务、60 多项条线业务和 30 项上联国家部委业务。800 兆政务共网终端总数达到 1.6 万台:这为现阶段电子政务建设奠定了扎实基础。

2. 重点领域、条线部门政务流程优化加快,电子政务探索成就显著

上海市"自贸区"等重要发展规划领域内,政务流程优化试点不断取得突破,探索成效显著。企业注册"单一窗口"模式也在全市部分区县得到复制和推广,徐汇区复制自贸试验区企业注册"单一窗口"模式,并率先延伸至企业变更服务,有效提升了区政府对企业的服务效率和效果。相关条线部门也积极探索"互联网＋"背景下部门业务新模式。上海海事法院以"互联网＋海事审判"为工作理念,全力打造具有海事审判专业特点的全新"智能法院",不断提升审判能力、法院管理的现代化。上海市商委将通过部门联合、区县联手,建立健全推进"互联网＋"生活类服务业发展的工作机制。

3. 各项生活服务领域信息惠民成效显著

推进落实国家层面关于"互联网＋"的宏观指导意见,研究制订《上海市推进"互联网＋"行动实施意见》,做实"互联网＋"的基础设施,推动互联网与本市经济社会各领域深度融合发展,包括未来三年在全市建立 3 000 个"i-

Shanghai"热点,提出21个专项行动,涵盖诸多涉及广大市民衣食住行、提升生活品质的专项领域,如"互联网+"交通、健康、教育、旅游、智能家居。

4. 数据共享开放基础较好,区县启动市区两级、政企合作试点

人口、法人、地理信息等基础信息资源库基础较好;政府数据目录体系不断完善,并纳入年度评估。数据开放网站迭代至2.0版,政务公开的新媒体推广工作成绩显著。徐汇区与市级部门加大市级信息共享对接力度,实现市法人库、人口库空间地理库、市场主体名录信用息和实有房屋等六大基础数据库涉及该区的信息统一落地,涵盖5大类、1 021子类、1 250万条数据记录,落地频率加快,数据范围不断扩展。浦东新区市场监督管理局在上海自贸区建设的东风下率先转变政府监管思路,联手网络订餐平台"饿了么"启动"互联网+信用监管"项目,政府主动让监管数据走出"深闺",向企业和社会开放,开启自贸区市场监管新模式。

5. 区级政府政务创新政务服务能力持续提升

以徐汇区为代表的区级政府在实践过程中不断创新性地探索政务服务方式和政务建设,提升政务服务能力。徐汇区根据实际情况,进行去信息中心化的集约化建设方式,统一信息资源应用管理,创新性地整合12345热线、网格化管理中心、网上政务大厅,通过一户一档、动态归集,分层分类、共建共享等方式扩大共享的时效性和覆盖面,做到便民服务"一站式"、行政审批"一窗式"、网上网下"一体化",全力打造一个功能全、服务优、智慧程度高的综合性行政服务平台。

6. 网上服务大厅建设取得显著成就

根据清华大学发布的2016年电子政务评估报告,上海市网上政府服务已达到"领先"阶段(四星)。网上政务大厅提供了网上办事一站式、一体化、人性化的完善服务,实现服务功能网络化。网上大厅提供完整的一体化服务,包括办事指南、表格下载、在线咨询、在线受理、结果查询等,用户可以实现网上申报、预约先办、网上预审、网上受理、全程网上办理、网上支付、委托支付、委托递送、全市通办等功能。同时网上服务大厅还实现高水准的人性化服务,按照生命周期、区县、部门、事项类型等分类标准提供个人和法人的人性化服务事项。在互动交流方面,网上服务大厅提供在线咨询和智能问答,用户还可以实现用户评价分享等功能,实现用户对网上政务的互动交流。另外,网上服务大厅还围绕公众关注度高、办理量大的需求,整合提供便民办事、查询等服务功能,提升在线服务的实用化程度。

7.2 上海市电子政务问题

1. 市区两级政府电子政务推进中的协调不足

受限于我们国家体制的条块分割,以职能为中心,在财政预算上实行市、区两级财政预算,导致各个部门在政府信息化建设上缺乏协调。市政府在电子政务建设过程中较少地从全局视角出发进行统筹规划、制定统一标准,让各级政府部门按照统一的标准进行,顶层设计能力欠缺。在数据库建设当中,当前市级层面是4大基础数据库建设,而部分区级却在承接市级4大基础数据库建设同时,额外增设新的数据库,以至于市、区级政务数据库架构兼容性较低,融合度不够,无法发挥出政务数据库有效支撑政务服务和政府宏观政治经济决策的作用。此外,还表现在城市综合治理工作当中,当前在上海市级层面城市网格化管理系统、市民热线与政务系统独立运行,协同性较弱,然而在部分区级却实行三线合一模式进行城市综合治理。总之这种一对多或者多对一等众多不匹配、不协调现象不利于上海市在整体上推动电子政务工作。

2. 电子政务的相关立法机制和制度保障能力不足

电子政务推进过程中涉及的相关业务,首先需要身份的认证,在上海市没有相关的法律规章制度来推进,相对国内其他省份也相对落后,导致业务办理不能按照互联网＋的思维有效推进,如浙江省以法律规章的形式规定电子签章与实体印章具有同等的法律效力。另外还表现在后台审批变革上,审批权限和流程的改革需要在整个市级层面对相应的法律法规进行完善,审批改革和流程再造需要从法律制度层面上做出根本性变革。最后对于数据共享开放以及大数据分析而言,政务数据资源哪些必须共享、开放,哪些属于涉密、隐私数据,并无统一、明确的制度规定,数据资源的编目、数据审查、权限设定、数据公布、数据更新等环节缺乏法律法规指导。从体制上来讲,上海市电子政务工作缺乏统一的体制来推进,实践中很多部门都在管理,但没有形成整个项目全生命周期的闭环推进反馈体制,相对于国外首席信息官(CIO)制度,上海市目前缺乏统一的推进体制。即当前上海市政府需要在市级层面充分考察区级当前的成绩和痛点,探索建立电子政务相关立法工作机制和体制,有效支持全市层面和区级政府的电子政务推进工作。

3."信息孤岛"现象犹存,并逐步转向"平台孤岛"

近年来,上海市各级政府部门纷纷投入巨额资金来兴建各类信息中心实现业务的自动化,信息化程度已达到了国内领先水平,有效地提升了业务处理的效率。然而,由于在业务自动化过程中过分强调单部门业务管理效率的提升,没有与政府其他部门机构实现信息系统的互联互通和信息资源共享,故而形成了大量的"信息孤岛"。虽然近几年也有明显改善,但"信息孤岛"现象犹存。

与其他省市相比,上海市在社会、经济发展以及城市化水平上都处于前列。这一方面使得上海市有着较为雄厚的财政资源以及技术和产业支持来进行电子政务建设,部门以平台为名义立项,纷纷探索构建本部门的信息系统,以支撑本部门政务服务效率和效果的提升。然而,这种"部门本位"、过分强调单部门业务管理效率的建设思路却极大阻碍了"信息孤岛"现象的改善。另外,在建设过程中,每个部门都会结合相关业务部门的数据来充实自身的政务服务平台,但却不会将信息反馈和共享给业务相关部门。这样,在"条强块弱"的局面下,这种平台建设不但不会有助于消弭"信息孤岛",反而极大地强化了已存在的"信息孤岛",并且导致"信息孤岛"向着"平台孤岛"转变。

4.数据目录体系的建设"部门化",跨机构目录共享和交换较弱

当前上海市信息资源共享开放加快推进,初步建立政务数据资源目录体系,累计编制资源目录1.1万条,数据项14.58万个,有效地推动了部门间信息共享水平。虽然成绩斐然,但是诸多部门却并没有深刻理解建立政务数据资源目录体系的初衷和导向,导致存在很多问题,比如,大量信息存在重复字段,重复率在30%左右;还导致很多空白字段,没有相关的数据。目录的梳理过程中没有明确的采集部门,数据目录如何更新,以及在业务流程中数据如何流转都没有明确的导向。从本质上讲,政务数据资源目录体系是服务于政务服务的具体业务的,只有基于自身业务和跨部门需求,方能充分调动部门建设政务数据资源目录体系的积极性,让数据资源目录体系切实发挥其在推动政府部门信息共享开放的重要作用。然而在调研中部门却并没有充分理解与贯彻目录建设的业务需求导向,对为何要建立政务数据资源目录体系缺乏了解和认同,在分析和整理本部门政务数据资源目录过程中"为目录而目录""就目录而论目录"行为突出。

5. 政务大数据中心以及政务数据开放的建设能力不足

当前上海市政务大数据建设既缺乏统一数据仓库,也缺乏具有大数据分析能力的团队,一方面,无论是市级层面的 4 大基础库,还是以徐汇区为代表的市法人库、人口库、空间地理库、市场主体名录库、信用信息库和实有房屋库等六大基础数据库信息统一落地,虽然实现了高水平的集约化储存和管理,但数据仍旧无法充分用于大数据分析;另一方面,政府目前并不具备大数据分析能力,专业的大数据分析团队缺位,这就制约了政府部门利用政务大数据进行科学决策,精准服务的实现,不能充分实现政务大数据的价值。而这也导致当前政务数据开放工作也深受其害。从国际范围内看,政府对外开放数据是其后台政务大数据的子集合,数据开放工作是在政务大数据中心(数据仓库)建设的基础上,经由专业大数据团队对数据进行"脱敏"之后方才对社会公众和企业进行开放的。当前上海开放政府数据 900 余条,相对于国外实践来说,数据集的数量较少,并且大部分数据是以人类可读格式呈现,缺少机读格式和 API 接口,数据集并没有按照规定的时间按时更新,数据安全和隐私也不能得到有效保障。

6. "受审分离"模式下前台受理服务和后台审批成熟度不匹配

当前,上海市各区普遍建立起了行政服务中心,实行受审分离模式,初步实现了"一站式""一窗式""一表式"办理。这一过程中前台服务成熟度稳步提升,标准化程度不断提高,各项先进技术工具也逐步得以尝试和推广。然而,与不断完善的受理服务相对应的,后台的审批流程改革却进展缓慢,本质上仍然是串联审批。不过,由于审批权限和流程的改革需要在整个市级层面对相应的法律法规进行完善,区级并无此权限。故此,后台审批变革遭遇立法瓶颈。另外,前台受理通过网络平台实现,而后台审批却没有形成统一认证的电子签章体系,部门之间的协同仍然是以线下流转来实现,电子签章仅仅在政府内部公文流转中使用,在业务审批中缺乏统一的认可,不具备权威认证性。

7. 业务办理流程的绩效监管主体不明确

上海市在业务办理流程的效能建设存在监管力度不足,监管缺位与越位并存等问题。当前,上海市的业务监管缺乏独立客观的监督机构,由于职能部门是相关业务的利益相关者,既是裁判员又是运动员,会导致监管缺乏独立性和科学性,现行由职能部门牵头的监管系统存在弊端。业务流程的监管不能以单一的职能部门进行牵头,而必须由协调部门(如区府办)立足于全局视角进行规划牵头。对此,制定政策和监管执行职能应进行分离、责任明确,通过严格的监督考核防止缺位与越位。需要注意的是,该监管牵头机构需要有"平台性"思维,站在公共利益的角度执行对业务的独立监管职能,推进各部门的协调联动和信息共享,从而更加客观中立地增强监管的整体效能。

7.3　上海市电子政务建议

1. 制定电子政务的顶层设计方案

美国和新加坡电子政务建设成功的经验再次验证顶层设计对于电子政务项目成功的重要性,从国内外相关理论和实践来看,顶层设计都是以跨部门业务为重点,从对政府各种行政业务的清晰划分和定义出发,进而延伸至服务分解、技术重用、数据共享、绩效考评等各个层次。借鉴联邦企业架构的基本理论和设计理念,中国电子政务顶层设计的基本框架结构应该是包含体制架构、绩效架构、业务架构、信息架构和技术架构在内的总体设计。①在中国特定的行政体制条件下,电子政务管理体制机制的设计需要系统研究,主要理顺条块之间的关系和建立一个怎样的管理运作机制保障体制的有效性。②绩效架构是一套绩效评估框架,确保各部门从战略高度更好地管理业务,绩效架构的测量结果是由业务参考模型所驱动的,是与业务域和业务线相对应的,主要包括信息化基础、组织提升、公共效益和公共满意度等维度。③业务架构是以全面支撑政府职能履行为目标,对电子政务业务进行规划和涉及的基础架构。它是以业务或具体的服务为中心进行职能梳理,不涉及具体执行业务的部门机构,有利于厘清部门之间的关系,尤其是在实施信息化的过程中,如果不同部门具有相同或相似业务服务就可以彼此构建集成化的信息平台,减少重复投资,增强信息共性和部门协同。④信息架构是用于描述支持业务流程运行中信息与数据交换共享的数据标准,提供了信息标准化描述和组织的模型。信息架构主要应包括:信息分类;与业务架构相结合的信息内容和信息流;数据的采集、存储、转换、发布和传输;数据库的设计和使用等内容。⑤技术架构是一个底层架构,定义如何建立一个 IT 运行环境来支持上层的信息架构,从而确保业务的正常开展。技术架构包含了各种通用应用组件、应用系统、技术平台、各种基础设施和技术标准等。

2. 制定电子政务服务的法律政策和推进机制

法律先行保障了电子政务的顺利实施,新加坡政府出台了一系列完整的政策法规来推动电子政务建设。电子政务顶层设计下的政府信息资源共享会引发深远的政府变革,在推进过程中必然面临着大量的体制阻力。如果在这个过程中缺少行之有效的立法支撑,则政府信息共享无法顺利实现。在国家相关法律法规的基础上,加快制定电子政务所涉及的网上预审、告知承诺、受审分离、信息互认等方面的管理制度和服务规范。明确平台架构,编制电子证照、身份认证、政务云、大数据应用的管理办法和技术规范等,特别是在电子签章中应该制定相关条文规定各级行政机关应当使用经审核评估达到要求的电子印章系统进行电子签名。制定电子印章系统使用的具体办法,各级行政机关使用电子印章系统,向公民、法人和其他组织发放电子证照的,电子证照与纸质证照具有同等法律效力。在法律层面上明确做出规定,为政府审批流程中电子签章的使用提供法律依据,真正实现"互联网+"背景下的业务实现。另外重点推动电子政务系统和个人隐私的安全保护,避免引起不必要的数据泄露和隐私问题,使各种服务系统和网络能够安全、可靠、稳定地运行,比如出台《政府安全法》《商业机密条例》《电子认证条例》《个人数据保护法》等。使得该保密的信息更加安全,该公开共享的信息更加透明。

同时,电子政务背景下,政府业务按照需求进行流程重组,必然涉及相关部门权责清单和审批制度的变更,这就需要根据实践情况从法律的角度对政府权责清单进行重新界定,建立政府部门权责清单的动态化机制,推动政府业务流程的迭代优化,从而实现后台审批制度的改革。另外,政府部门还需要从法律层面确立相关推进机制的合法化。从法律上确保 CIO 体制从上到下的执行力,应该规定:①每个层级的政府、各个政府机构都应该设置政府 CIO;②政府CIO 应该实施垂直管理体制,其人事管理权和工资奖励不受所在部门的管辖;③政府 CIO 在其所在机构还要具有业务流程的决定权和信息资源的处置权。

3. 以"社会需求"驱动跨部门数据目录共享

大量社会事件和政府服务都需要跨部门完成,例如企业设立审批、城市应急管理等等。美国互联网+政务服务的业务模型是以需求和业务为基础,突破职能部门的信息孤岛,建立面向事件的、整合性的、互联互通的电子政务系统。

上海市也应该建立以社会服务为目标的业务模型,以流程形式确立政府职能范围,制定部门资源目录,明确目录数据的唯一采集部门,避免多部门重复采集,数据集的采集权和使用权分离,做到"谁采集,谁负责",在数据"一源多用"的过程中,明确涉及数据的出处来源。把政府每项服务看作一个"商品",政府每一个特定服务的所有业务子功能有序集合就可以定义为一条业务线。业务线具体规定了所涉及政府部门需要完成的工作,以及完成的时间、环节、反馈和监督等,强调以快速服务响应为中心,打破条块分割和信息系统的壁垒,组建成跨越各个部门的职能集合。业务流程作为业务线的基本构成要素,是要完成某个具体功能的一串有顺序的活动集合,是具体的事件承担者,它支持政府以需求为中心,对职能部门的现有功能进行合并、分解、重组,形成新的功能集合,这种功能集合直接面向任务而不是面向机构,强调跨职能的充分协作。当同一个业务线内的各部门需要面向事件进行高效率的协同工作,就要求各部门充分共享并交换相关的信息资源,一旦业务线确定,业务流程重新再造后,部门之间需要共享和交换的信息资源就能得到确认。因此,一条业务线包括很多业务流程,一个业务流程可能是由一个或几个具体的职能部门执行,完成特定的功能目标,政府行政业务归根结底是由具体的政府业务活动流程来完成的。通过这样一个以需求为驱动,业务协同为支撑的业务模型,能够有效地推进政府部门之间信息共享,明确政府资源目录,避免传统业务中以部门职能为核心的弊端,超越部门职能界限,避免重复建设,打破信息孤岛。

4. 建设跨部门业务流程的全过程绩效监管体系

上海市在业务流程监管过程中一方面存在监管不明确,监督力度不足的问题,另一方面,现行的以职能部门牵头的监管监督机制存在弊端。美国根据绩效参考模型对政府业务流程进行整体评估,新加坡成立电子政务咨询委员会,该委员会成员来自民间和公共机构,从中立第三方的角度来对政务业务办理效能进行客观的监督。美国纽约市政府的电子政务的监管体系是由测评域、测评类目、测评组和测评指标四个层面组成,保障了在电子政务建设的过程中和建成后,都能有效监控业务流程指标的达成度,在电子政务建设的各生命周期阶段都能进行绩效监察。总的来说绩效参考模型提供了一套面向战略成果输出的标准化的指标体系,它管理和控制电子政务建设的各个方面、各个环节。另外,现有的业务监管是以职能部门牵头,那么由于职能部门是相关业务的利益相关者,既是裁判员又是运动员,会导致监管缺乏独立性和科学性。借鉴新加坡经验,我们建议业务流程的监管不能以单一的职能部门进行牵头,而必须由协调部门立足于全局视角进行规划牵头,站在公共利益的角度执行对业务的独立监管职能,推进各部门的协调联动和信息共享,从而更加客观中立地增强监管的整体效能。

5. 加快推进政务大数据和政府开放数据工作

政务大数据建设是政府利用大数据提升政务服务水平,并做好数据开放的基础。而就政务大数据建设而言,按照决策主题划分,构建统一的、物理独立的数据仓库是政府大数据建设的理想方案,而一个高水平的大数据团队则是政府大数据建设的重要保障。仿照纽约市长数据分析办公室以及首席分析官模式,构建架构灵活的大数据团队,以该团队为依托,一方面推动上述数据交换系统和数据仓库建设,另一方面基于建设的数据仓库进行大数据分析以及其他部门人员大数据能力培训工作,稳步提升政府整体的大数据能力。

就具体的政府数据开放而言,上海市应做好如下工作:①要尽快制定并出台《政府数据开放条例》和实施细则。在制度建设层面进行顶层设计,为数据开放提供可靠制度保障。具体拟定开放数据的分类标准、数据获取技术、开放申请流程与数据开放接口的实施政策,梳理政府数据采集保障和安全管理标准等;②建立政府数据开放的领导和行政协调机制。政府制定专门的政府数据开放主管部门,整体推进、综合协调各部门的数据开放、应用和管理。要依据法定职能明确政府数据开放的归口管理部门。在区级设立首席数据官职位,负责统筹本部门或者本地区数据开放的运作协调,收集数据开放的相关反馈并跟进改善;③完善政府数据开放与其他相关工作的衔接机制。按照加强政府信息资源统一管理的要求,建立数据开放与相关工作的衔接机制,将信息公开、政务公开、数据开放、大数据应用和政务服务作为一个整体进行统筹安排,规范相关主管部门在政府数据开放方面的法定职责。④建立常态化的数据开放标准规范和质量安全管理机制。要尽快制定开放数据的元标准,建立数据更新、审核、复核、责任追究机制,还需要充分保护个人重要信息,防止出现个人隐私或人物画像还原,监管开放数据的使用和传播,保护其不被滥用。⑤加强数据开放的互动管理,提高企业、个人、科研院所以及其他社会组织等多主体的参与积极性,可以通过数据开发竞赛等形式鼓励社会主体参与到数据的开发利用。

8 智慧城市建设的实施路径

8.1 实施框架

前文基于对城市人本理论的认知,综合上海信息化发展的市情和现有城市信息化理论模型的特点,利用信息系统经典的层次架构模型,参考上海城市及信息化发展的战略与政策,以系统性、整体性的思维对上海信息化城市建设的核心要素进行了归纳、梳理,构建了上海市信息化建设的理论模型。该模型解释了上海市信息化的理论框架,下一步基于该模型探讨上海市开展信息化建设的实施路径。

上海市信息化建设的实施框架如图8-1所示。该框架将上海市城市信息化建设的实施横向划分为实施阶段、实施路径和参与主体三大维度。同时,将实施阶段纵向划分为战略愿景、战略目标、战略重点、战略执行、战略保障5个层次;对应实施阶段设计相应的实施路径,包括城市发展战略和信息化发展战略的匹配、需求分析和业务梳理、差距比较和城市信息化发展重点、城市信息化主体系统建设、城市信息化辅助系统建设等层级,且各层级间循环改进形成闭环。参与主体主要由政府、公众、科研机构、企业构成,在不同的实施阶段各参与主体的参与度也有所侧重。

1. 战略愿景

战略愿景是城市信息化建设的总体目标。通过战略匹配模型,基于3.4节的战略匹配模型,城市信息化的发展需要与整个城市的发展战略相匹配。上海市在《上海市城市总体规划(2015-2040)纲要概要》提出了要做"卓越的全球城

实施阶段	实施路径	参与主体

循环改进

战略愿景 → 城市发展战略 ←战略匹配→ 信息化发展战略 → 政府 公众

战略目标 → 需求分析（不同主体的需求分析） / 业务梳理（业务域、业务线、业务流程） → 政府 科研机构 公众

战略重点 → 现有业务情况　　目标业务情况　差距比较 / 城市信息化发展重点（短板） → 政府 科研机构

战略执行 → 城市信息化主体系统建设

应用平台：
- 科学化
- 精细化
- 智能化

数据平台：
- 融合化
- 开放化
- 共享化

基础设施：
- 泛在化
- 网络化
- 高效化

→ 政府 科研机构 企业 公众

战略保障 → 城市信息化辅助系统建设

政策法规	风控体系	标准体系
协作机制	市场机制	创新机制
产业技术	人才保障	试点推广

→ 政府 科研机构 企业 公众

循环改进

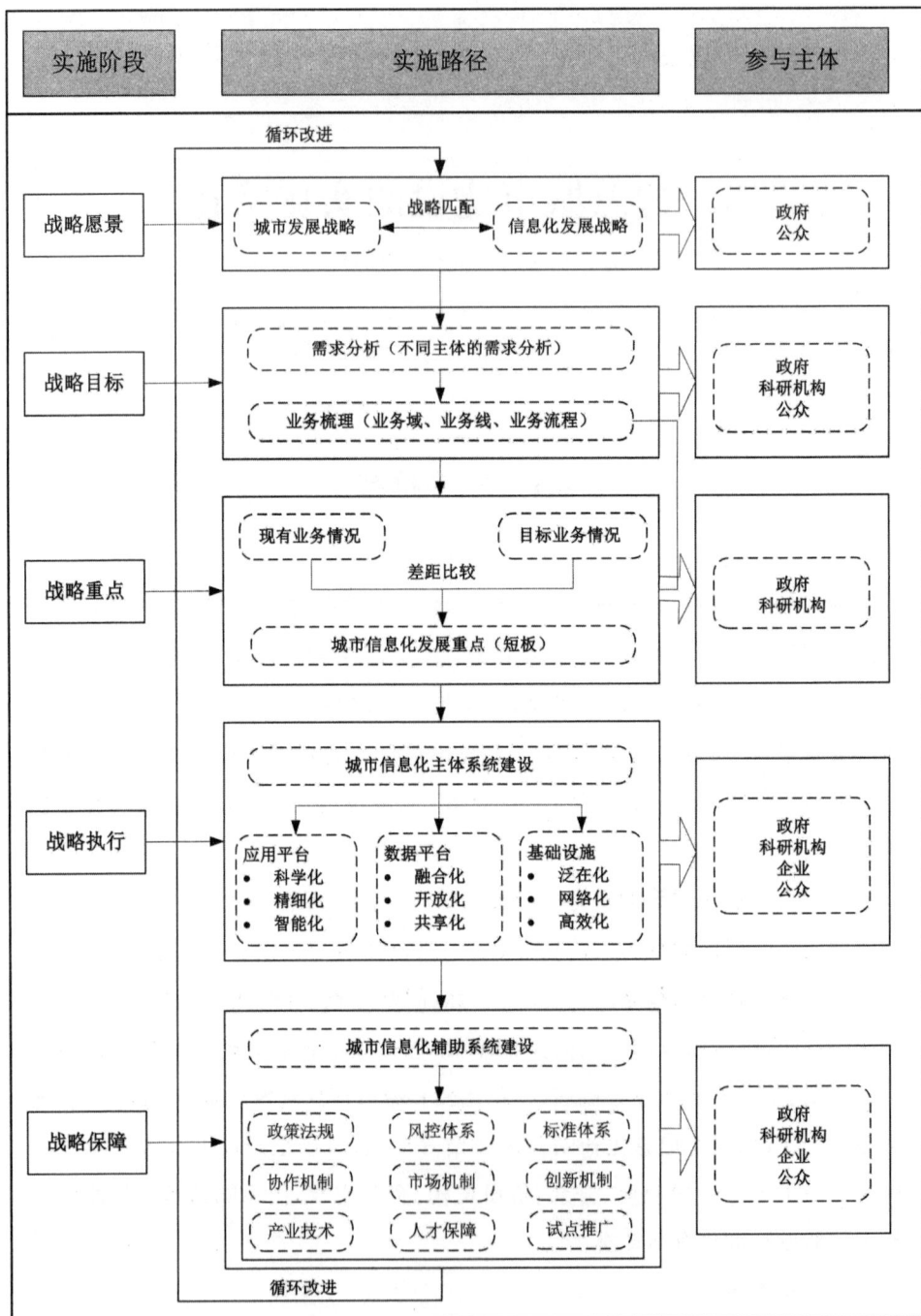

图 8-1　上海市信息化建设实施框架

市"的定位以及"城市让生活更美好"的口号,是上海市未来二十余年发展的主要战略,上海市信息化的建设需要和卓越的全球城市相匹配。在战略愿景阶段,政府和公众是主要的参与主体。

2. 战略目标

战略目标阶段是定位清晰城市信息化建设的主要目标。该阶段主要分两个部分:需求分析和业务梳理。首先通过对不同主体的需求分析,了解不同主体差异化的需求。进而将需求具象化为业务域、业务线和业务流程。习总书记2017年参加上海代表团审议时提出:"上海这种超大城市,管理应该像绣花一样精细。"因此在需求分析和业务梳理时也应当做到微颗粒,差异化。即尽可能关注到每个个体的需求,并且关注不同主体的差异化需求,在后续信息化建设中满足个性化、差异化的主体需求。战略目标分析阶段由政府主导,科研机构进行系统化、科学化的研究与分析,并且强调公众的反馈与参与,保证确定的目标符合真实需求。

3. 战略重点

信息化建设的战略重点就是现实发展水平与建设目标有较大差距的领域。在战略目标部分,已经梳理了上海市信息化建设的目标,在本阶段,重点分析上海市目前信息化建设的情况与战略目标之间的差距。对于差距较大的领域,确定为上海市信息化发展短板和重点。确立战略重点的过程政府可以借助科研机构的力量,对现有的信息化发展情况进行系统的调研和整理,并与发展目标对比,精准定位重点发展的领域。

4. 战略执行

战略执行是城市信息化建设的主体。城市信息化主体系统建设是城市信息化建设的基础所在。根据5.2节提出的信息化理论模型,信息化主体建设主要包括三部分:应用平台、数据平台和基础设施。其中应用平台按照科学化、精细化、智能化的原则建设;数据平台按照融合化、开放化和共享化的原则建设;基础设施按照泛在化、网络化和高效性的原则建设。在这战略执行阶段,城市信息化主体系统建设依靠多方参与,包括政府、科研机构、企业和公众等主体应当广泛参与,使信息化建设能够多元化快速发展。

5. 战略保障

战略保障是上海市信息化建设的辅助与支撑系统,为上海市信息化建设提供积极的环境。结合 4.2 节提出的理论模型与上海市的实际特点,战略保障体系主要包括:政策法规、风控体系、标准体系、协作机制、市场机制、创新机制、产业技术、人才保障、试点推广几方面。战略保障系统也需要政府、科研机构、企业和公众的广泛参与,才能保障体制机制、政策法规、人才保障等方面顺利推进。

6. 循环改进

最后,参照循环改进模型,在由战略愿景至战略保障五个阶段依次完成后,可以对系统进行循环改进。在完成阶段性目标,取得阶段性成果的基础上不断调整战略,与新的问题和需求相匹配,推进信息化的动态优化。

8.2　重点方向

1. 满足精细化、个性化需求,提高民众的获得感

公众(个体)是城市信息化面向的一类主体,其个体存在着很大的差异性,因此对城市信息化的需求也有较大差异,这就要求城市信息化能够为居民提供各类差异化服务,满足公众精细化、个性化需求。企业是城市信息化的另一个类主体。企业由于其业务领域、规模、资金结构等不同,其需求也有很大的差异性。特别是上海建设科创中心,大力发展高新技术企业,孵化大量创业的小微企业,由于在企业发展初期能力薄弱,更加需要政府精细化的管理与服务。关于信息化建设需求的发展主要有以下几方面:

(1)由粗放到精细的需求分析。改变原有政策对所有主体"一刀切"的模式,了解细分群体/行业的需求,甚至每一个个体和企业的个性化需求,做到需求分析的精细化。

(2)由静态到动态的需求跟踪。城市各个主体的需求不是静态的,随着城市的发展,科技的创新,主体自身的发展变化等,需求是不断动态变化的。因此对主体需求的分析不是一劳永逸的,需要不断动态跟踪新的需求,了解最新的需求变化。

(3)由被动到主动的需求挖掘。目前对于城市主体的需求了解主要以被动式的分析为主,例如公众或企业向政府提出某项需求,政府被动地响应此项需

求。未来政府应利用更多的技术手段,主动挖掘不同的主体的需求,由被动转变为主动的需求挖掘。在需求挖掘的过程中,可以利用大数据、人工智能、数据挖掘等新的技术手段进行分析,并依托科研机构不断进行需求挖掘的方法创新。

(4)关注公众的获得感。在需求分析的基础上,应当重点关注公众的获得感,使公众对城市信息化的服务的体验更加优化,感受更加满意。

2. 利用科学的研究方法,精准识别重点发展的领域

在实施框架中战略重点部分需要通过科学的手段重点发展的领域进行精确的分析。重点领域的识别是通过上海市目前的情况与上海市的目标进行对比,差距较大的领域被确定为重点发展领域。

目前上海信息化重点领域的确定过程中较为缺乏有力的科学依据的支撑。例如在交通政策、住房政策、社区管理等方面应当从实际出发,深入调研现状,在梳理现有情况的基础上,提出发展的方向。目前上海市建立了电子政务服务大厅,12345市民热线,网格化管理平台等,积累了大量的数据基础。可以通过对数据库的整合和分析,利用数据挖掘等科学的技术手段,识别目前最为突出的问题。

3. 创新协同机制,促进数据融合共享

数据是当代信息化发展中的重中之重。在4.2节本报告提出的信息化理论框架中,数据层也处于承上启下的重要位置。数据层向下连接基础设施层,在收集、传输、储存、处理数据后,形成统一的数据层。数据层向上服务于应用层,直接提供各项应用所需的数据。目前上海市建立了许多数据中心,数据处理的能力较强,但是数据孤岛问题非常严重,数据无法融合共享,不便于进行深入的跨部门跨平台的数据挖掘分析工作,这严重阻碍了上海市信息化的进一步发展。另外数据的开放程度不高,申请数据公开的流程也不明确。因此需要进一步加强数据的共享和开放,具体包括:

(1)政府内部的数据融合:目前政府内部的数据条块分割较为严重,每个系统有自己的信息中心,导致平台林立,信息孤岛现象严重。同时信息化建设存在多头管理的现象,发改委、经信委、科委、工信部、信息中心等部门均分管部分信息化的建设工作,导致信息化的发展头绪复杂,标准不统一,步调难以协调。因此建议在管理层面,创新政府内部的管理协同机制,对信息化建设进行单一

部门的统一管理,可参考美国等发达国家的首席信息官(CIO)负责制,所有信息化相关的政策与建设均归口至CIO及其下属的信息管理部门进行统一管理。在技术层面,建议建立统一的信息化体系架构,如数据仓库等,进行一体化的管理,同时,明确不同子系统的界面范围(例如市级与区级的信息系统界面与覆盖范围),使工作界面清晰,提高系统效率。

(2)政府数据与其他数据的共享:目前大量的数据资源集中在企业、行业甚至公众个体。例如,腾讯、阿里巴巴、百度等大型的信息企业具有大量的用户数据;汽车、环境、航运等行业也拥有很多行业的动态数据;每个市民也有智能手机的动态使用数据、可穿戴设备数据、健康记录数据等大量的个体数据记录。这些数据都是宝贵的数据资源,可以用于精细化的城市治理。政府应当主导开发统一的数据共享平台,使政府数据、行业数据、企业数据、公众数据等可以安全、可靠、高效地在该平台上进行共享,共同开发数据资源,使数据得到更高效的利用。

(3)建立数据开放的标准与流程:数据开放与共享依赖于可靠的体制保障。可以参考美国等发达国家建立标准化的数据开放的标准与流程。例如针对不同类型的企业、研究单位、公众等设立不同的数据开放权限。针对不同的用户制定标准化的数据开放流程,在网络上公开申请,按照流程进行批复。使数据开放共享的过程公开透明。

4. 统一建立标准规范体系与评估体系

在我们4.2节建立的信息化理论模型中,标准评价架构是非常重要的一部分。其中标准规范体系给信息化建设提供了建设的标准规范,使信息化能够统一,便于系统的统一管理与互联互通。而评估体系则提供了信息化建设效果的统一评价标准,同时也提供了不同区域和层级信息化系统优化改进的方向,起到了重要的建设导向作用。

我国在国家层面非常重视智慧城市的标准体系构建。2014年,国家发改委下发了《关于促进智慧城市健康发展的指导意见》,提出了在国家层面提出智慧城市评价指标体系总体框架及分项评价指标制定总体要求。国家层面出台指导意见,计划到2017年完成20项急需的智慧城市标准制订工作,到2020年累计共完成50项左右的智慧城市领域标准制订工作。

参考文献

[1] 钱振明.城市管理学[M].苏州:苏州大学出版社,2005:11-12.

[2] 莫于川,雷振.从城市管理走向城市治理——《南京市城市治理条例》的理念与制度创新[J].行政法学研究,2013(03):56-62.

[3] 王浦劬.国家治理、政府治理和社会治理的含义及其相互关系[J].国家行政学院学报,2014(03):11-17.

[4] 理查德.C.博克斯.公民治理:引领21世纪的美国社区[M].北京:中国人民大学出版社,2013.

[5] 姜晓萍.国家治理现代化进程中的社会治理体制创新[J].中国行政管理,2014(02):24-28.

[6] 张小娟.智慧城市系统的要素、结构及模型研究[D].广州:华南理工大学,2015,36.

[7] 张小娟.智慧城市系统的要素、结构及模型研究[D].广州:华南理工大学,2015,36.

[8] IBM.智慧城市白皮书,2009.

[9] IBM. A vision of smarter cities, 2009, https://www.ibm.com/services/us/gbs/bus/html/smarter-cities.html.

[10] IBM. A vision of smarter cities, 2009, https://www.ibm.com/services/us/gbs/bus/html/smarter-cities.html.

[11] 张振刚,张小娟.智慧城市的五维度模型研究[J].中国科技论坛,2014(11):41-45.

[12] 李德仁,邵振峰,杨小敏.从数字城市到智慧城市的理论与实践[J].地理空间信息,2011,9(6):1-5.

［13］陈志成,白庆华.城市信息化战略与城市发展战略匹配性研究［J］.同济大学学报社会科学版,2011,40(4):320-324.

［14］Loet Leydesdorff,Mark Deakin. The Triple-Helix Model of Smart Cities：A Neo-Evolutionary Perspective［J］. Journal of Urban Technology,2011,18(2):53-63.

［15］Nam T,Pardo T A. Conceptualizing smart city with dimensions of technology,people,and institutions［C］//Proceedings of the 12th annual international digital government research conference:digital government innovation in challenging times. ACM,2011:282-291.

［16］Golubiewski N. Is there a metabolism of an urban ecosystem? An ecological critique［J］. Ambio,2012,41(7):751-764.

［17］杨剑勇,新加坡打造世界首个"智慧国",http://www.sohu.com/a/44083518_220528,2015-11-25.

［18］杨雨,探访智慧新加坡之一:智访新加坡 读懂 IDA,http://www.ccidnet.com/2013/0709/5055369.shtml.

［19］山东省商务厅,新加坡信息化:打造"智慧国",http://www.shandongbusiness.gov.cn/public/html/news/200902/61034.html.

［20］新华网,新加坡推出"智慧国家2025"计划,http://www.yn.xinhua.org/asean/2014-08/19/c_133568408.htm.

［21］郑璇.我国政府行政成本过度增长的原因及对策［D］.南京师范大学,2014:41-45.

［22］陈劲.智慧花园城市——新加坡［J］.信息化建设,2010(03):12-13.

［23］广东联合电子服务股份有限公司,新加坡电子道路付费系统(ERP).

［24］东方财富网,新加坡:智慧型城市岛国,http://www.kaixian.tv/gd/2016/0105/592403.html.

［25］中国产业信息网,2015 年新加坡智慧城市总体发展概况分析及市场展望,http://www.chyxx.com/industry/201510/351352.html.

［26］国家互联网信息办公室,智慧城市建设不能只是听上去很美,http://www.cac.gov.cn/2015-08/17/c_1116276672.htm.

［27］钛媒体,智慧城市建设 可以先看看新加坡的经验,http://iot.ofweek.

com/2015-08/ART-132216-8470-28988679.html.

[28] 马亮.大数据技术何以创新公共治理?——新加坡智慧国案例研究[J].电子政务,2015(05):2-9.

[29] 钛媒体,智慧城市建设 可以先看看新加坡的经验,http://iot.ofweek.com/2015-08/ART-132216-8470-28988679.html.

[30] 新加坡智慧城市建设与城市改造规划管控经验借鉴,新加坡智慧城市建设与城市改造规划管控经验借鉴 http://www.dpchina.com/dpchina/magazine/MagazineDetail. aspx? InfoID = 22894bab-e5fa-448d-bbe2-fd72d9188b2c.

[31] 国家互联网信息办公室,智慧城市建设不能只是听上去很美,http://www.cac.gov.cn/2015-08/17/c_1116276672.htm.

[32] 清华同衡规划播报,海外|为了做好规划,新加坡给自己打造了一个3D城市,2-25. http://www.upnews.cn/archives/28124.

[33] 山东省商务厅,新加坡信息化:打造"智慧国",http://www.shandongbusiness.gov.cn/public/html/news/200902/61034.html.

[34] 郑璇.我国政府行政成本过度增长的原因及对策[D].南京师范大学,2014.

[35] 黄忆波.上海与东京城市交通对标研究[J].交通与运输,2015,31(01):23-26.

索　引

A

安全风控　50

B

标准体系　51

C

层次架构　30

城市本体　34

城市管理　4

D

电子政务　14

F

泛在感知　10

泛在化　16

G

公共安全　21

公共服务　7

规划　4

H

互联网＋　14

环境保护　10

J

基础设施　4

机器学习　10

精细化　12

K

科学化　12

L

联邦企业架构　40

P

评价体系　28

Q

企业架构规划　44

R

人本理论　34

人工智能　11

融合化　16

S

社会治理　4

数据融合　50

数据挖掘　10

数据资源　15

数字化　14

W

网络化　5

网上政务　14

物联网　10

X

系统理论　34

信息技术　10

信用信息　15

行政管理　5

Y

业务协同　15

一网办理　14

应用服务　27

云计算　11

Z

战略匹配　44

智慧城市　14

智慧健康　16

智慧交通　18

智慧教育　17

智慧经济　16

智慧旅游　17

智慧民生　14

智慧社区　15

智慧文化　17

智慧园区　15

智慧政务　16

智慧治理　16

智敏化　16

智能化　10

智能终端　24

自由贸易试验区　16